陈波亚 朱新梅 张延利 主编

THIS IS CHINA

这里是中国 I

中国广播影视出版社

人民出版社

《这里是中国Ⅰ》
编委会

主　　编：陈波亚　朱新梅　张延利

副 主 编：何　渊　刘　岩
　　　　　高　星　赵　宁

编　　委：曲　宁　金　钟　刘为明
　　　　　王德禄　徐艳灵　孙　娟
　　　　　祁　音　徐　朋　杨　丹
　　　　　徐景俊　李俊翔　李哲雅
　　　　　郑　晨　武汉飞　梁书洋
　　　　　董世阳　杨　科

联合出品：北京中视雅韵文化传播中心

序

　　2019 年是中华人民共和国成立 70 周年，也是中俄建交 70 周年。6 月 5 日，习近平主席和普京总统共同出席了中俄建交 70 周年纪念大会，共同签署并发表了联合声明，宣布发展中俄新时代全面战略协作伙伴关系，实现两国关系提质升级，共同开启中俄关系更高水平、更大发展的新时代。民心相通恰是构建新时代中俄全面战略协作伙伴关系的重要方面。两国领导人高度重视包括影视文化在内的人文交流合作。近年来，两国开展了丰富多样的文化交流活动，获得两国元首的高度肯定。2019 年，双方在教育、文化、体育、旅游、媒体、青年等领域举办了更多两国人民喜闻乐见的活动，两国社会各界、各地方广泛开展了交流互鉴活动，促进了两国理念沟通、文化融通、民心相通，共同夯实了中俄世代友好的社会和民意基础。

　　作为一名资深外交工作者，我常与世界其他国家政府官员、社会各界精英、普通民众进行各种形式的交流。我深深体会到，影视节目是塑造国家形象、促进民心相通的重要载体和形式，影视文化在文明交流互鉴中具有独特的作用。一部中国优秀的电影、电视剧、动画、纪录片，会给外国观众留下更加直观且深刻的印象。由中国国际广播电台、俄罗斯 RT 电视台、北京中视雅韵文化传播中心联合制作的 6 集大型系列纪录片《这里是中国》，通过俄罗斯视角探寻中华优秀传统文化、中国自然风貌，聚焦中国经济社会发展成就，是一部向俄罗斯介绍中华优秀传统文化和中国社会当代发展现状的优秀纪录片。该片主题宏大、视野开阔、内容丰富，既聚焦中国现代城市、反映当代中国改革开放发展成果，又涵盖中国京剧、武术、雕刻等传统艺术精华，以及国宝熊猫与自然环保、现代轻轨技术、智能制造等当代科技发展成果，较好地提炼出中国传统文化精神标识以及中国改革开放的思想精髓，故事鲜活生动、通俗易懂，具有较强的观赏性。

为更好地促进国外观众了解中国、认识中国，中国广播影视出版社联合人民出版社，与该纪录片出品方共同推出了系列丛书《这里是中国》，将动态影像与声音转化为静态文字，让纪录片观众和书籍读者按照自己的节奏慢慢品味《这里是中国》背后的文化内涵、社会思潮与改革历程。图书在纪录片基础上，对相关主题进行了丰富和扩展，对部分内容进行了深度挖掘，进一步提高了知识性、趣味性和可读性。书中一幅幅精美图片、一段段优美文字，向中外读者无声地展示中华悠久的历史与璀璨的文化，向中外读者默默地讲述中国当代的发展奇迹与平凡故事。在此，我衷心希望每一位读者都能从《这里是中国》系列丛书中更多地了解到蕴含丰富思想价值、情感价值、艺术价值的中国灿烂文化，获得愉快的阅读体验和跨文化的思想碰撞，并在这趟阅读之旅中认识中国、了解中国、爱上中国。

中国政府欧亚事务特别代表
原中国驻俄罗斯大使

2019 年 7 月 30 日 于莫斯科

目　录
CONTENTS

1. 聚焦
FOCUS

2. 深度
DEPTH

3. 视角
ANGLE

01

聚焦

国宝熊猫

Pandaland

大熊猫是全球最受欢迎的中国象征。和自己的"亲戚"、长得像狐狸的小熊猫相比，大熊猫的体型更接近熊。由于毛色特别，大熊猫在中国也被称作"大浣熊"和"猫熊"。大熊猫还有个别名，叫作"竹熊"。大熊猫有别于棕熊、白熊的最主要的地方，就是它们更喜欢吃植物类食物。

黄治 中国大熊猫保护研究中心都江堰基地高级工程师

大熊猫的消化系统是可以吃肉的，但是它有意识地选择了以竹子为主食。我觉得这是它适应自然环境的一种表现，因为与它同时代的很多动物都已经灭绝了。那个时候大熊猫能够存活下来，就是因为它吃竹子。

大熊猫完全可以被称作自觉的素食动物。但是，现在这种食物上的偏好使它的生存变得非常困难。在一定意义上讲，"竹熊"成了竹子的"人质"。

人类曾经砍伐竹林，竹子的残存地带变得分散，有竹子的地方也只允许有限数量的大熊猫栖息。所有种类的竹子都是几年开一次花，之后便大量死去。林中一旦没有了可吃的竹子，大熊猫只得离开。可是，这些栖息地面积不大又很分散，大熊猫要离开就必须穿过人类密集的地区。也就是说，它们无处可去……

20世纪70年代中期，由于几种竹子同时开花，120多只大熊猫死于饥饿。发生这一悲剧后，抢救大熊猫的大规模行动由此启动。从那时起，每一只大熊猫都被当作中国的国宝。中国制定了整套严格的大熊猫生存方案。从出生到"光荣退休"，大熊猫得到了充满关爱的保护，照料它们的是致力于保护这一濒临灭绝动物的人。

中国大熊猫保护研究中心雅安碧峰峡基地距雅安市区不远，距四川省省会成都约 140 公里。基地于 2003 年建成，主要任务是负责大熊猫的繁育。

张权贵 中国大熊猫保护研究中心雅安碧峰峡基地负责人

当时建设这个基地的主要目的是救护野外生病、饥饿的大熊猫，阻止开荒，后来逐渐转向大熊猫的人工饲养、繁育方面的工作。

由于食物缺乏，大熊猫像是自行退却了，似乎不愿意延续自己的种群……

张权贵 中国大熊猫保护研究中心雅安碧峰峡基地负责人

不管是人工繁育还是野外生长的大熊猫，熊猫妈妈生双胞胎时能够把两只幼崽带成活的，偶尔有先例，可能是百分之一，甚至千分之一吧。生第一只的时候，它会抱在怀里面。生第二只的时候，很多熊猫妈妈就转身不管幼崽了，因为它们忙不过来。所以在最早的时候，我们一般就把第二只取出来。

专家认为，大熊猫不能够同时养育两个幼崽。大熊猫妈妈不管的大熊猫幼崽会被送到专门的大熊猫托儿所。这个机构就像人类妇产医院的一个科室。

熊猫保护基地

中国保护大熊猫研究中心是由卧龙、都江堰、雅安碧峰峡三个基地组成的，是全国规模最大、世界一流的大熊猫科研与自然保护教育基地，旨在提升中国大熊猫保护与科研水平。科研的最终目的是把所有圈养的大熊猫放归野外，壮大野生种群，增加大熊猫遗传物质多样性，让这一濒危物种能继续生存。其中，都江堰基地紧邻大熊猫栖息地世界遗产区域，拥有适宜大熊猫生活的气候和自然环境，并根据功能划分为大熊猫救护与检疫区、大熊猫疾病防控与研究区、大熊猫康复与训练饲养区、公众接待与教育区、自然植被区等 6 个区域。

　　即使在特殊情况下，大熊猫幼崽也不能长时间离开妈妈，而给它们找到养父母是不可能的。大熊猫保护基地的工作人员会把大熊猫妈妈不管的幼崽放回妈妈身边，几周一次或几个月一次。而原本在妈妈身边的大熊猫宝宝会被换出来，之后再这样调换，直到两个大熊猫幼崽长大。

许林　中国大熊猫保护研究中心雅安碧峰峡基地饲养员

　　我现在每天的工作是：定期给它们称一次体重，然后检查它们的身体，每天还要给它们喂奶，帮它们排便。它们很可爱，很依赖我。

　　大熊猫刚刚生下来时非常小，像小猫一样。但大熊猫宝宝的体重增长得非常快，因为大熊猫宝宝和它的爸爸妈妈一样，最喜欢的事情就是吃得饱饱的。

张权贵　中国大熊猫保护研究中心雅安碧峰峡基地负责人

　　大熊猫刚生下来时是早产儿，眼睛看不到，耳朵也听不到，自己的体温也无法控制，就是个小肉团，生下来时就100多克。睁开眼睛大概在出生后40天左右。

许林　中国大熊猫保护研究中心雅安碧峰峡基地饲养员

　　大熊猫宝宝刚出生就会被送到基地，在基地待四个月左右，能走了就还给熊猫妈妈。

张权贵　中国大熊猫保护研究中心雅安碧峰峡基地负责人

　　大熊猫爸爸在照顾后代方面基本没起作用，在野外的成年大熊猫都是独居，只在发情配种的那两三天通过打斗来争夺配偶，获得交配权，即配种的权利，交配后就不管了。熊猫宝宝生下来，熊猫爸爸也不认识自己的孩子。在我们基地的圈养条件下，假如把幼崽放给它，说不定会被它咬死。

　　照顾后代的所有重担都落在大熊猫妈妈肩上。大熊猫保护基地的工作人员开玩笑说："大睡一场——这是大熊猫妈妈实现不了的梦想。否则它就不会有黑眼圈儿了。"

　　每只大熊猫幼崽的生命都价值千金。但是，在人类保护下长大的大熊猫，很难再适应野生环境，甚至难以适应保护基地的生存环境。

　　卧龙国家级自然保护区于 1963 年建成，面积为 20 多万公顷，保护区内栖息着 4000 多种动物。

　　为了让人工环境下长大的大熊猫可以平静地回归自然环境，需要非同一般的努力，工作人员甚至要乔装打扮。

　　大熊猫宝宝大约两岁时，会和妈妈一起被送到卧龙大熊猫自然保护区，这里有一个专门负责野化训练的部门。这只名叫喜妹的大熊猫妈妈陪伴幼崽已经一年多了。它们生活在一个笼子里，但是喂食时，妈妈和宝宝要排队吃。

大熊猫的"气味标记法"

大熊猫大多数的交流是通过气味标记来实现的。大熊猫有好几种做标记的方式：用尿液或尿液与肛周腺分泌物的混合物来做标记。做标记的时候它们会晃动头部，嘴巴半张。做了标记以后，它们会将标记处树皮剥掉或留下抓痕，以引起其他大熊猫的注意。非发情季节，一闻到陌生熊猫的气味，它们就会走开。发情季节，一只雌性大熊猫的气味标记可能就表示它已经做好交配的准备，并且希望吸引雄性前来。

刘晓强 中国大熊猫保护研究中心卧龙核桃坪野化培训基地野化培训组组长

准备吃饭啦！快来，站起来。好样的，坐下。当它们按照指令做动作时，我们会给它们食物作为奖励，并告诉它们"做得好"。

现在，喜妹可以完成一些基本的指令。这是针对懒人的体育活动，可以加强大熊猫的下肢能力，使它们能更好地交配，也方便后期工作人员采血。

直接接触大熊猫的工作人员每天要穿上特别的制服。大熊猫服看上去不太干净，因为专门抹上了它们的粪便，好让喂养的大熊猫能够忘掉人的气味。

5 岁之前的大熊猫幼崽显得更加活跃。喜妹的幼崽一点也不像自己的懒妈妈，是个十足的淘气鬼。它根本不听妈妈的话，只对穿着大熊猫服的人表现得服帖些。

这个保护区里的所有大熊猫被全天候监测着，监测视频会被传到记录大熊猫生活的中文频道。

如今，科学家们正在从两个方面对大熊猫种群进行保护。第一个方面仅限于为保护自然族群创造条件，第二个方面是以人工繁殖中心为基础的保护。暂时优先的是第二个方面，因为只有人类能把大熊猫妈妈扔掉的幼崽喂养大，并且人工繁殖中心也能集中研究大熊猫的行为、观察健康

状况。放归野外的问题另当别论。穿着大熊猫服的刘晓强是为这一事业献身的人之一。

刘晓强 中国大熊猫保护研究中心卧龙核桃坪野化培训基地野化培训组组长

今天的工作就暂时结束了。大熊猫妈妈的精神状态很好，吃竹子、采食竹笋都没有问题。大熊猫宝宝也下树和妈妈一起玩，还吃了奶，精神和活力都很好。对这些发情的大熊猫，我们要进行各种指标的判定，先看大熊猫妈妈以前是否带过幼崽，然后看大熊猫妈妈有没有遗传病史或传染病。

刘晓强还要经常去碧峰峡的大熊猫基地，对那里即将放归卧龙国家级自然保护区的大熊猫的状况做出评估。这些大熊猫基地间的联系非常紧密。将它们紧紧联系在一起的是共同面临过的那场灾难——2008年5月发生的汶川地震。

刘晓强 中国大熊猫保护研究中心卧龙核桃坪野化培训基地野化培训组组长

汶川地震发生的时间是14：28，刚好那时是下午上班时间。我们进入基地里面，发现好多大熊猫，特别是幼崽，它们都受到了很大的惊吓，基本都在树上。当天我们就把大熊猫转移到了另一个基地。

地震已经过去十多年了。但即使是现在，当刘先生因为工作上的事情要去碧峰峡大熊猫基地的时候，他还是会不由自主地想起发生毁灭性地震的那一天——2008年5月12日。

刘晓强 中国大熊猫保护研究中心卧龙核桃坪野化培训基地野化培训组组长

地震那天，大熊猫在圈里面一直走来走去，嘴里吐出白沫，我们的饲养员都拿着食物去和这些大熊猫交流。

刘先生在大熊猫基地工作十多年了。截至目前，放归野外的九只大熊猫中的八只，就是在刘先生的帮助下回归野外生活的。按照计划，在碧峰峡大熊猫基地驯养的一只

大熊猫,第二年就要转到卧龙国家级自然保护区进行野化
训练。第二天一早,刘晓强要出发去雅安,要和这个需要
野化的大熊猫来个亲密接触。

　　中国所有的大熊猫基地每周都要采购几次竹子。提供
竹子的人一般是居住在森林环绕的保护区附近的农民。彭
尚明住在距碧峰峡大熊猫基地30公里的地方,他的家就在
竹林之中,向大熊猫基地出售竹子是彭尚明的主要收入。

彭尚明　当地农民

　　这根竹子就不能砍,大熊猫不吃这种。大熊猫爱吃的是
这种三年以上的竹子,其他的都不吃,把这些幼竹砍了明年
就不生了。

　　大熊猫是实实在在的贪吃鬼,成年大熊猫每天能吃掉

大约 20 公斤的竹叶和 5 公斤根茎。

中国有 300 多种竹子，但挑剔的大熊猫只吃其中的 10~15 种。

上天也眷顾这些可爱的"美食家"，大熊猫能借助第六根指头用爪子握住竹子的茎。虽然从科学的角度说，这只是腕骨上的一个小凸起，并不能称它为手指，因为大熊猫不能晃动它。但多亏有了这个凸起，大熊猫才能抱住竹子的茎干和其他东西，还可以在爬树时抓住树枝。

饲料必须在早上 7 点前送到基地。这样，大熊猫们就可以吃到新鲜的早餐了。

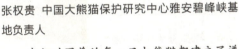

张权贵 中国大熊猫保护研究中心雅安碧峰峡基地负责人

我们对圈养的每一只大熊猫都建立了谱系，就像人类家谱。每一只熊猫都有明确、详细的谱系，包括出生年月、出生地点、父母、兄弟姊妹等，这样既避免了近亲繁殖，也可控制数量，提高繁殖质量，保证遗传上的多样性。

不是所有的大熊猫都能放归野外，有一些大熊猫就只能留在露天的围栏中生活。对它们来说，这种圈养生活相当于住在疗养院。

黄治 中国大熊猫保护研究中心都江堰基地高级工程师

还有就是大熊猫养老。保护研究中心主要是负责照料那些年迈、体弱、隔离检疫的大熊猫。我们人工繁殖并饲养的基本上是老年的或者体质弱的，还有一些是年幼的大熊猫，因为它们没有在野外生活过，所以不可能放到野外去。

为了让年长的大熊猫能够正常消化，基地在竹子之外还会为它们提供苹果馅饼，它们非常爱吃。制作这一美味的任务，交给了从世界各地来到都江堰基地的志愿者。

皮特·希尔和自己的朋友第一次来中国，他们一直盼着能更接近大熊猫，为此专程从遥远的澳大利亚来到都江堰。

皮特·希尔 澳大利亚志愿者

小时候，爷爷送给我一个大熊猫毛绒玩具，那时我就爱上了大熊猫。那个毛绒玩具太可爱了，我特别喜欢。我一直盼着见到真的大熊猫，所以来这里做志愿者，在这里我可以更近地接触真正的大熊猫。

都江堰大熊猫基地还被称作"明星"保护区。那些在国外动物园里生活过很长时间的大熊猫"光荣退休"后都会回到这个基地。

黄治 中国大熊猫保护研究中心都江堰基地高级工程师

大熊猫到国外去，首先国外动物园要和中国政府签署相关协议。现在，中心在国外10个国家的12个动物园有大熊猫，比如美国的圣地亚哥动物园、华盛顿动物园以及日本的上野动物园。

大熊猫的食物

大熊猫的食物中99%都是竹子，而这些竹类植物中可供其食用的共有12属、60多种。野外大熊猫常见的食用竹种类包括：冷箭竹、八月竹、箬竹等。此外，野生大熊猫偶食一些动物尸体或其他植物。

圈养大熊猫常食用的竹种类有巴山木竹、淡竹、苦竹等。圈养大熊猫除了主要采食竹类外，还可获得少量的精饲料、水果和维生素补充剂。这主要是因为圈养条件下大熊猫不能完全自由采食，存在营养摄入不足或不均衡等问题，需由人工进行添加和补充。精饲料原料包括玉米、大豆、大米、小麦等。这些原料经清洗后，按照一定配比，经过特殊工艺加工制作成为大熊猫的食物。大熊猫的所有食物都有严格的选择标准，在使用前均需经过安全及营养检测。只有符合要求的食物才能被最终提供给大熊猫。

例如，1957年在中苏关系的黄金时期，中国政府赠送给苏联第一只大熊猫。这只名叫平平的大熊猫定居在莫斯科动物园的一处豪华套间内。之后中国政府又向苏联赠送了另一只大熊猫安安，希望能和平平配上对儿。但后来才发现，安安也是雄性的，它们不会有后代……

名叫泰山的大熊猫也是个大明星，5年前刚从遥远的美国回国。在华盛顿动物园的整整4年里，它给游客们带去了许多欢乐。它的名字在中国是泰山，在国外则改成了拳王的名字——泰森(Tyson)。这位退休的大明星快11岁了，视力不太好，喂食的时候，饲养员不得不大声和它说话，好让它能够听明白。

大熊猫的视力普遍不好，但是它们的嗅觉却非常灵敏。

现在，只有中国还有野生大熊猫繁衍生息，而其中的大部分生活在中国四川省。如果没有中国政府努力实施独一无二的抢救大熊猫计划，恐怕现在人们只有在教科书里才能看到大熊猫了。

大熊猫的文化象征

大熊猫是外国人最喜欢的中国文化符号之一。正如说起伏特加会想到俄罗斯，说起华尔街会想到美国，说起樱花会想到日本，说起绅士会想到英国，每个国家都有属于自己的文化符号。大熊猫就是中国的一个文化符号。希望憨态可掬的大熊猫，能让更多外国人了解真实的中国以及中国文化。

国之交在于民相亲，民相亲在于心相通，大熊猫正是民相亲、心相通的最好载体。2017 年，熊猫频道上传了一条 57 秒的大熊猫视频到海外社交平台，内容是一只顽皮的熊猫抱着饲养员的腿不放，短短一段时间，视频浏览量达到 10.6 亿。很多外国网友看了视频后纷纷留言，"我要去中国，我要看熊猫"。

《外国人对中国文化认知调查报告》显示，排在外国人认知度前三位的中国文化符号分别是熊猫、绿茶、阴阳。此外，调查发现，俄罗斯人最喜欢的中国形象依次是大熊猫、茶、园林；在美国，大熊猫同样排在喜爱榜第一位。美国好莱坞创作的《功夫熊猫》是一部以熊猫为主人公的动作喜剧电影，影片以中国古代为背景，其景观、布景、服装以至食物均充满中国元素。

中国有许多文化符号，为什么熊猫会在国际传播中具有优势？其原因主要为：一是被称作"活化石"的大熊猫已在地球上存活了八百万年，而中国是五千年文明古国，它可以很好地展示千年古国的文化风采；二是"物以稀为贵"，由于大熊猫数量稀少，被联合国列入濒危物种目录，具有极高

的保护价值；三是"圆滚滚"很萌，大熊猫的体色为黑白两色，它有着圆圆的脸庞，大大的黑眼圈，胖嘟嘟的身体，标志性的内八字行走方式，是世界上最可爱的动物之一；四是大熊猫还有解剖刀般锋利的爪子，在长期严酷的生存竞争中，和它们同时代的很多动物都已灭绝，但大熊猫幸存到现在。选它为国宝，可以很好地展示现代中国的风格：外表憨厚可爱，象征和平；而体魄强健、爪子锋利，代表中国不会为人所欺。

　　中国文化中外柔内刚、阴阳和合、刚柔并济、不欺人亦不被人欺的思想，深深地融入中华民族的血脉和精神之中，大熊猫则很好地体现了中华民族的这些特性。

雕工镌影

The Poetry of Chinese Carving

中国常常被称作世界商品的"生产线"，各类不计其数的商品出自这里。如今世界上任何一个角落都可以找到"中国制造"。然而，除了大规模的商品生产制造之外，中国还善于创作无与伦比的手工雕刻艺术品。

　　在中国几千年的历史长河中，雕刻艺术占有重要的地位。木块、石头、灰砖，甚至包括贝壳在内的任何材料都可以用来雕刻。中国雕刻艺术与欧洲雕刻艺术的主要区别在于技法和流派：西方人喜爱现实主义，而东方艺术追求象征主义。正如雨果曾经写道：欧洲艺术是理想的，东方艺术是幻想的。全世界范围内有很多雕刻爱好者，他们对中国雕刻这一艺术形式的兴趣与日俱增。中国雕刻大师们的作品遍布东京、伦敦和纽约的各大博物馆，俄罗斯也对中国的雕刻艺术表现出浓厚的兴趣。

　　俄罗斯记者尼基塔·鲁达科夫正在搜集中国雕刻艺术的资料，他在网上的一个论坛里认识了竹雕大师徐秉方的小女儿徐春静。于是小徐就邀请尼基塔去她的家乡常州，近距离了解这一闻名全国的雕刻艺术——竹雕。

尼基塔·鲁达科夫 俄罗斯记者

　　我在很小的时候就对竹雕产生了兴趣。小时候爷爷从中国带回来一个竹雕的杯子，这个杯子做得极其精致。小杯子就放在床边，那个时候我总觉得杯子里面藏着童话故事，因为每当入睡时妈妈就会给我讲故事，她说故事是杯子里的童话。因此，这次要写关于竹雕艺术的文章，对我来说，是一件值得高兴的事。

　　在徐大师的家里甚至设有迷你博物馆，用来展示这个

竹雕世家成员们具有代表性的作品。

徐春静 竹雕大师徐秉方的女儿

　　我家展厅里陈列的是爷爷徐素白的作品《喜鹊登梅》，还有父亲徐秉方雕刻的《山水》和《五只鸡》。

徐秉方 竹雕大师

　　竹雕艺术本来是父亲的事业。我从事竹雕艺术，一个原因是受家庭熏陶，另一个原因是这也是我自己的兴趣爱好。家庭熏陶是因为经常看到父亲在刻东西，潜移默化地培养了我的兴趣。

　　50年前，江苏省常州市还是一个离上海不远的小地方，而今，这里变成了繁华都市。这座城市闻名全国的特色之一，是以徐秉方大师的竹雕作品为代表的竹雕艺术。

徐秉方 竹雕大师

　　父亲靠竹雕养活了我们五兄弟。我对竹雕产生了兴趣以

竹子的精神象征

在中国传统文化中，竹子潇洒挺拔、四季常青，象征永葆青春；竹子竹节毕露、竹茎空心，象征高风亮节、谦逊虚心；竹子弯而不折、折而不断的特质，象征做人柔中带刚的原则。中国唐朝诗人张九龄在《和黄门卢侍御咏竹》中写道："高节人相重，虚心世所知。"竹也成为中国百姓的人格追求，如淡泊、清高、正直。

后，就捡一块碎碗、破砖在我家门口竹林里的竹子上面刻，当时学竹雕条件很差，父亲不支持，也不希望我从事这个行业。

在中国，竹子象征着力量和坚韧，朴实和严肃。竹子在风中会弯曲，但绝不会折断，而一生与竹子打交道的人在不知不觉中也浸染了竹子的高贵品质。这在大师的处女作里已经有所体现。

徐秉方　竹雕大师

我刚才讲的第一幅作品，就是竹刻的笔筒。竹筒是用来量米的，上面刻着两个字——"二两"。二两的意思是竹筒里面放2两米，其实我把它做小了一点，放1.8两。1.8两的意思呢，就是每一次量2两的时候剩下0.2两，一个月省下来的米，够再吃一顿饭。

尽管徐秉方的竹雕作品报酬相当可观，但是他至今仍保持着简朴的生活习惯。他和妻子以及两个女儿住在一所不大的房子里，这座房子同时也是他的工作室。

徐秉方为徒弟们授课的教室是租的。为了讲课，首先需要准备"画布"，也就是收集竹子。就在几天前，徐大师与徒弟们恰好刚去找了胚料，胚料所选的竹节不能过短。

徐文静　竹雕大师徐秉方的女儿

挑选竹雕胚料最注重的：一是竹子的生长年龄，一般来

说我们要选择3~4年生的竹子，并要求它尽可能粗一些，因为好多竹子要做成笔搁（也就是笔架，中国传统文房用具中放在案头用来架笔的工具——编者注）。如果竹子细，弧度就比较小；如果竹子粗，弧度就比较大。二是砍竹子时需用刀斜切下去，而不能是横着切过去。砍的时候一定要用力，一刀下去就要砍断。

然而，挑选和砍伐竹子只是繁复工作程序的开始。为了使砍下的竹子成为雕刻的材料，还必须经过火和水等复杂的处理。胚料需用水煮、抛光，最后在太阳下晒干。距竹林不远处有一个特别为这个工序而设的小广场。

徐秉方的大女儿徐文静和小女儿徐春静也继承了竹雕手艺。如今，他们和父亲的竹雕作品一起销售到了全世界。直到现在，无论是在竹雕胚料的准备阶段还是在雕刻过程中，父亲仍然是她们的老师、帮手和严厉的批评者。

徐春静 竹雕大师徐秉方的女儿

在我们学雕刻的过程当中，他对我们是非常严格的。一件作品要求我们不停地修改，有的时候修改到我都感觉要吐了，但他还是说不满意，他对我们制作的竹雕作品要求非常高。

单单只是竹雕的胚料，就需要几个星期来准备和打磨，完成一件个头不大的作品往往需要好几个月。但是等待是值得的，如今在中国，这些竹雕作品非常值钱。

徐秉方 竹雕大师

竹雕艺术的兴旺跟市场经济紧密相关，因为现在绝大多数中国百姓不需要考虑吃饭问题。过去，雕刻不是谋生手段，

而是文人家庭、大户人家业余时间的家庭娱乐活动。历史上的名人制作的雕刻作品，也是提供给大户人家使用的。

由于这种艺术形式非常受欢迎，徐家的学徒络绎不绝。

尼基塔·鲁达科夫 俄罗斯记者

看完竹雕工具和雕刻技法后，我感觉这有何难。但竹子的确是非常坚硬的材料。每一刀都要很用力，手非常容易累。况且刻刀这么细小，刻出的线条就像蜘蛛丝一样，即使是一朵小小的花也要耗费很长时间。

竹雕作品的尺寸一般不会很大，常见的有长方形的小板子或小杯子。然而，即使在如此小型的物件上，大师们也能把书法、绘画和诗歌艺术很好地结合起来。

中国人自古以来可不仅仅与竹子打交道。在充分了解竹雕艺术后，徐春静和尼基塔来到了安徽黄山。在黄山，各式各样的雕刻作品如同橱窗里的商品一样展示着，最古老街区的每一栋房子都堪比艺术品。中国最著名的砖雕大师——吴正辉就生活和工作在这里。

吴正辉　砖雕大师

砖雕的特点是立体感强，徽州砖雕最好的能达到九层之多。徽州的砖比较脆和松，雕刻时要用力均匀。画稿时，把全家福中的人物、背景都画在一张纸上，以此类推。图案上所有雕刻的层次，就根据这种方式打好胚，这个胚打好后就开始进行雕刻。刻细，就是把人的衣纹、眼睛、头发以及树枝上的树权等细细刻画出来。最后是开脸，开脸就是开眼睛。

无论是今天还是古代，砖雕都用于房屋正面的装饰。这些作品很少被镶嵌在框子里作为墙上的装饰。

尼基塔·鲁达科夫 俄罗斯记者

如果把竹雕和砖雕用文学作品形式来形容，竹雕好比诗歌，简短但容量大，没有砖雕里的丰富细节和情节发展。砖雕这种形式更适合表现完整的故事。

吴大师在游历故乡时经常可以获取灵感。闻名全中国的古代徽商在致富之后，往往不吝惜钱财地修建祠堂和府邸，以此来光耀门楣，这些建筑当然少不了用砖雕做装饰。黄山最漂亮的祠堂之一就是吴氏祠堂。

吴正辉 砖雕大师

吴氏祠堂是以前我们宗祠一个归乡的大户修建的，他家老太太当时已经八十多岁了，因此，带她去西湖就很难实现。他就请来安徽最好的工匠，让工匠将西湖所有景点都刻在这几个石碑上，让老太太从石碑观赏西湖，以此来尽孝，让母亲在高龄不出门就能欣赏西湖美景。

黄山最重要的景点之一就是闻名全中国的西园。在这个面积不大的园子里，可以同时看到木雕、石雕和砖雕等多种不同的雕刻艺术形式。西园正厅中间摆放着徽州最经典、最优质的门罩，这个门罩分为几个部分，上面的是

十三门龛，龛门是古代摆菩萨用的，因此也叫菩萨龛门，神龛底下中间那道额枋刻有三个故事。

尼基塔·鲁达科夫 俄罗斯记者

西园的确是个迷人的地方，这里可以散步，也可以尽情欣赏各种艺术作品。我真想在这里多停留些时间，遗憾的是时间有限，是时候动身继续前进了，徐春静将带我认识另一座以雕刻闻名的城市。

徐春静和同伴前往的是浙江省东阳市——这个面积不大却富裕繁荣的地方也被称为"木雕之都"，并因东阳木雕而闻名世界。东阳市中心矗立着一座造型不凡的木质纪念碑，象征着东阳向世界开放。纪念碑上的三个人形分别代表东阳这座城市是雕刻艺术故乡、传统建筑故乡和传授雕刻技艺故乡。纪念碑的作者是当地最有名的木雕大师之一——黄小明。

黄小明 木雕大师

我们希望在将来自己可以一如既往地走在创作前列，我们也鼓励自己要不断突破创新，不断自我完善，不断汲取世界各国的文化营养，不断与其他艺术形式进行融合、跨界、整合等。这是我们想要的，也是让东阳木雕走向现代、走向世界必须跨出的重要一步。

"借景传情"的黄山西园

西园是中国典型园林式建筑之一，始建于1824年，也就是清朝道光年间。它位于安徽省黄山市黟县，离黄山景区约30公里。西园由一座矩形庭院连成整体，分为前、中、后院，其间用巨大、形态各异的砖雕漏窗、门洞分隔，让院内风景隐约朦胧。这让狭长的庭院显得幽深雅静，难以一览无余，呈现"移步换景，借景园外"的建筑格局。中院门额上嵌着石刻"西园"二字篆书，大门两侧墙上也各嵌有一个石雕漏窗，左边是"松石图"，两株奇松斜伸于嶙峋怪石之上，傲然挺拔；右边是"竹梅图"，婆娑幻影与傲立劲梅相错，高雅别致。它们是"徽州三雕"中的代表作品。

为了增长见识，黄小明大师去过世界上很多国家。但他只在自己家里的工作室进行艺术创作。黄小明的工作室不对外开放，只有亲近的朋友才被允许进入，工作室内部俨然是一个画廊，收集了他各个时期的木雕艺术作品。此外，像许多艺术家一样，黄小明的作品被中国最大的雕刻博物馆收藏，供大众参观品鉴。这座雕刻博物馆的创立者是东阳木雕的传奇大师陆光正。

陆光正　木雕大师

　　东阳木雕有据可查的历史距今已有 1200 多年。我们从小的时候开始就能看到中国传统建筑融于农村的民居里面，可以从中看到建筑中的雕刻装饰。

　　东阳市以香樟木高浮雕闻名于世。技艺高超的大师们利用世代相传的丰富经验，雕刻出复杂的历史场景、经典名著或民间故事的片段。东阳大师们掌握着精妙的立体雕刻技法，能够在平面的木板上生动展现出众多人物和场景的立体形象。

陆光正 木雕大师

　　这些作品描绘了我国漫长历史中的重大事件，它们都是我国古代木雕大师们的得意之作，这些作品在世界各地的博物馆都有展出。今天，我们的主要目标是保护它们，这是对世界艺术的贡献。

　　木雕馆内收藏着从全世界各地收集的、从古至今的中国木雕艺术作品，这一幅幅木雕实在令人惊艳。这些作品中就有陆光正大师设计的东阳木雕《歌山画水》，看着这幅木雕作品，观众仿佛置身于这个美丽的山水田园。每一棵小树、每一片叶子都雕刻得如此精细，以至于让人情不自禁地等待着它们随风起舞，等待着画中人物能像在电影中那般鲜活生动。

尼基塔·鲁达科夫 俄罗斯记者

　　如果用文学体裁来比喻木雕艺术，那么可以将它比作长篇历史小说。因为每一幅作品都能长时间吸引你的目光，使得你想仔细探究每个细节，期待每刻都有新的发现。

　　雕刻艺术是中国最古老的艺术门类之一，直至今日这种艺术还在不断传承并熠熠生辉。400 年来，雕刻大师们的技艺没有失传，而是在不断丰富发展。当前，中国雕刻作品在世界各地随处可见，这些艺术作品令人叹为观止、流连忘返。

东阳木雕走进 G20 峰会

2016 年 9 月 4 日，备受全球瞩目的 G20 峰会在中国杭州国际博览中心举行。本次 G20 主会场的主背景图，是一幅长 12 米、高 6 米的大型彩木雕刻——东阳木雕《锦绣中华》。它由楠木、柚木、金丝柚木、东北椴木等材料制成，设计构图以中国传统文化元素为主，包括绵延壮阔的群山、巍峨威武的长城、千年苍翠的青松、高洁脱俗的梅花，并以映山红和翠竹为修饰。东阳木雕《锦绣中华》既展现了中华五千年的文化，也展现出中国传统经典工艺，彰显出中国山川之壮美和人文之秀美。

中外雕刻艺术的共性与差异

　　雕刻是造型艺术类别之一，也称雕塑，包括雕、刻、塑三种创制方式。雕刻艺术是中西方文化的重要组成部分，既是人类情感的表现载体，也是各个时代文化精神内涵的体现。

　　中外雕刻艺术具有部分相同之处。首先，雕刻材料均有花岗岩、大理石、锻铜、不锈钢、玻璃钢、植物等，只是侧重点不同；基本形式都是圆雕、浮雕、透雕三种。其次，表现内容均聚焦本国文化、愿望、信仰、精神等，体现着人类思维发展和文化艺术发展的一般规律。此外，中西方雕刻家也都十分重视点、线、面在雕刻中的运用。

　　中西雕刻艺术的差异性体现在：作品刻画的对象不同、细节特性不同、思维模式不同。

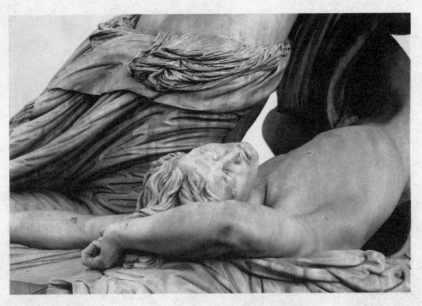

　　中国雕塑艺术注重装饰性、绘画性、意向性，即"以形写神"。中国早期雕塑表现的对象大多为自然、动物、宗教形象。造型细节方面，雕刻作品线条流畅、通顺、光洁，反映出中国人追求和谐、通达、含蓄、中庸的哲学观念。

　　而西方雕塑艺术侧重于主题性、纪念性、写实性，通过线面和空间结构变化体现轮廓，模仿再现自然与人类。神话传说是西方早期雕塑的主要题材，后来在社会发展变迁中逐渐去功能化，环境雕塑、肖像雕塑成为主体。西方古希腊时期的菲狄亚斯和文艺复兴时期的米开朗琪罗、多纳太罗、贝尼尼等雕塑艺术大师均流芳千古。

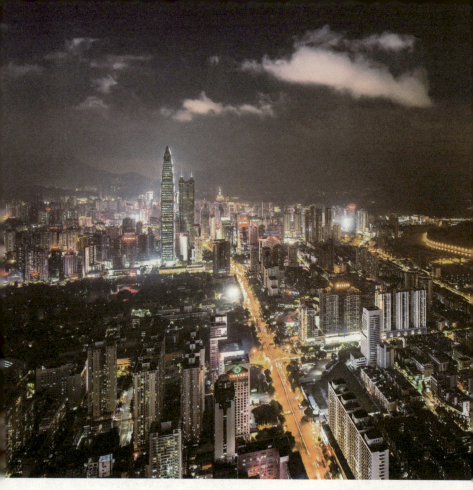

深圳智造

Shenzhen: City of the Future

当今中国有个说法：去北京看历史，去上海看现代，去深圳看未来。对中国这个五千年文明古国来说，深圳是一座非常年轻的未来派大都市，甚至它的空气中都散发着创新的味道。半个世纪前这里还是小渔村，如今已挤满摩天大楼。

对企业家和 IT 人士来说，深圳是一座科技圣城。这样说毫不夸张，因为深圳作为全国电子工业中心，被称作"中国硅谷"。这里每月至少举办一次国际电子、信息技术或汽车工业展销会。

地处亚热带的深圳，新企业如雨后春笋般涌现。由于生活水平位居国内前列，许多外国人以及中国其他城市的人纷纷涌入这座城市。

现年 28 岁的李超已在深圳生活 10 年。这位来自北方城市宝鸡的小伙子，是被"爱"吸引到"中国硅谷"来的。没错，是爱——对机器人的爱。

李超 深圳市优必选科技有限公司商务经理

我的专业是机电一体化。我小时候就非常喜欢看电影《变形金刚》中的机器人，而且对机械这块儿非常感兴趣。我们小时候看的非常暖心的片子《机器人管家》，在我看来，就是在讲机器人未来要走进我们生活的故事。

李超的世界里已经不能没有机器人，他所在的公司是研究智能机器人的。这台机器人像人一样有双手、双腿、躯干和头。目前，深圳市优必选科技有限公司（UBTech）旗下有三款不同类型的智能机器人畅销国内外。李超虽然是学技术出身，但现在干的是市场品牌推广。

李超 深圳市优必选科技有限公司商务经理

我主要负责公司的大型活动策划以及媒体对接，也参与其他外围的大型策划，比如近两年公司承办的全国机器人锦标赛，以及央视《相约里约》等活动和节目。当然，也包括公司开放日的活动，活动会邀请一些机器人爱好者，甚至邀请部分喜欢机器人的深圳小学生来参与体验。

今天，正好要进行阿尔法-1型机器人展示。

李超 深圳市优必选科技有限公司商务经理

我手上这台机器人，就是2016年上春晚的阿尔法-1S型机器人。它全身由16个关节区组成，所以才能用灵活的身段给大家带来精彩的节目效果。从某种程度上说，它也是我国智能机器人技术发展最前沿的一个代表。它的应用形式就像我们在电视里看到的，具有很强的娱乐性，可以给它编程，让它根据我们的一些编程指令舞动起来，甚至跟我们一起玩耍。

深圳市优必选科技有限公司不久前推出了其升级版——阿尔法-2，不仅能像人一样活动，还能与人一起交流和学习，甚至能做人的助手。

深圳市优必选科技有限公司首席执行官周剑的普通工作日一般是这样开始的。

周剑：你好，盈盈！

机器人：干啥？

周剑：可以帮我发个电子邮件吗？

机器人：可以的。

周剑：我需要索菲亚明天下午3点钟到公司来。

从春晚"出道"的中国机器人

2016年春晚岭南分会场，与孙楠同台表演《心中的英雄》节目的一群跳集体舞的机器人博得了全场观众的狂热喝彩。阿尔法-1S 智能人形机器人具有唱歌、跳舞、练功夫、讲故事、踢足球等技能，拥有 16 个关节自由度，可惟妙惟肖地模仿人类肢体动作。在春晚舞台上，540 个阿尔法-1S 机器人从运动、姿势、位置等方面，首先进行单个调试，再进行集体调试，循环往复，为表演"零出错"而奋斗。这款机器人从研发到量产花了 5 年时间，斥资 5000 万元，在其核心部件伺服舵机系统取得了突破性进展，在全球智能机器人发展中名列前茅。

周剑 深圳市优必选科技有限公司首席执行官

我在公司里有个助理，她叫索菲亚。她很忙的时候，我就会让阿尔法替我拨打一个电话、收发一封邮件。我可以用语音告知阿尔法，它会把语音转换为文字，并将文字以邮件形式发送到邮箱，这时我就会得到一封语音版或文字版的邮件。

当然，即使是阿尔法-2目前也不能完全代替人，代替人类也不是机器人的主要用途。深圳市优必选科技有限公司智能机器人的主要服务对象是儿童，它既是陪伴儿童玩耍的玩具，也是他们很好的学习助手。

李超 深圳市优必选科技有限公司商务经理

教育方面，我们让小朋友从小学就对机器人具有非常完整的认识。初中阶段，我们可以让它成为教学工具，将机器人运用到实际的物理教学当中，使物理原理可视化，包括机械控制原理、电子电路、简单的编程等。大学阶段甚至可以开放机器人的二次开发入口，通过大学的理论知识，包括机器语言、汇编语言等对它进行编程。

深圳市优必选科技有限公司的许多员工不久前还是大学生，对自己做机器人这一行连想都不敢想，他们有机会

做自己喜欢的事，就经常会主动地加班加点。李超也一样，但是今天他要早走一会儿去看家人。

李超 深圳市优必选科技有限公司商务经理

我现在还没有成家。哥哥也在深圳，他有一个非常可爱的儿子叫鸿仔。前几天是鸿仔的生日，但是由于我去外地参加机器人展示和讲解活动，没能赶得上。今天我打算带着二代机器人去看他，给他补一个生日礼物。机器人可以跟他做一些小游戏，陪伴他度过父母比较忙的那段时间。

机器人几乎可以成为人类的家庭成员和朋友。不仅对于儿童，对成年人也一样。

查雄兴 深圳市优必选科技有限公司软件技术经理

我希望能做出这样一个机器人，它具有人的智商，可以跟我交流、陪伴我，甚至帮我做一些家务。小时候我基本都是一个人待着，感觉有些孤单，因此希望有这样一个机器人来陪伴我。

　　采访者：你好，你是谁？
　　机器人：你好，是我。
　　采访者：你现在最想做什么呢？
　　机器人：我现在最想让你开心啊。
　　采访者：你的目标是什么呢？
　　机器人：我的目标是成为最智能的机器人！

深圳共有 8 个行政区，深圳市优必选科技有限公司总部和厂区位于南山区，李超的哥哥住在城市另一头的坪山区。李超差不多要穿过整座城市才能到哥哥家。

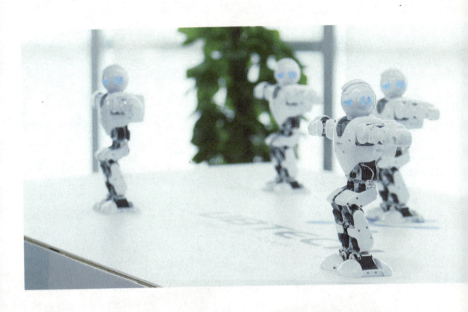

周剑 深圳市优必选科技有限公司首席执行官

深圳很大，城市呈长条形，东部的盐田和罗湖都是老城区，福田的金融贸易、金融服务公司比较多，而南山是高科技企业聚集的地方。深圳的高科技从业人员基本都住在南山区，比如南山智园。

"智园"满是未来主义摩天大楼，像科幻片的舞台布景。事实上整个深圳都是高楼林立，深圳是世界上高层建筑最多的十大城市之一。

2011 年建成的这座摩天大楼有 100 层、600 米高。但深圳与其他城市不同，这里的巨大建筑并不像钢筋水泥森林一样压得路人透不过气，因为整个城市都掩映在绿荫之中。深圳有许多被精心管理的公园，是中国生态环境最好的城市之一。

除了摩天大厦和公园以外，汽车也是深圳的名片。混合动力车在这里很普及，混合动力车就是装有汽油发动机和电动马达两种发动机的汽车。

李超 深圳市优必选科技有限公司商务经理

深圳这座城市非常漂亮，我也非常喜欢住在这里。当时去选车的考虑之一，就是这款油电混动汽车节能环保。选择这个车的另外一个目的，是想为这个城市的环境作出一些贡献。

李超的车是由比亚迪公司在深圳设计生产的。除私家车外，深圳大部分公交车、警车与消防车都是混合动力，这些车都是深圳市政府专门从比亚迪公司订购的。

李超开的车有个中国古代朝代的名字——唐。马洋就是这款车的主要设计者之一。

马洋 比亚迪汽车工业有限公司项目技术经理

中国有很悠久的历史文化，秦、唐、宋、元都是中国各个朝代的称号，其中唐朝是中国最鼎盛的朝代之一。基于这个理念，公司对这个车型寄予厚望，希望"唐"这款车能够像它所属的朝代一样强大。

这款车是 2015 年上市的，但其研发始于 2007 年。

马洋 比亚迪汽车工业有限公司项目技术经理

我们整个开发核心团队约有 20 人，但所有参加研发的工程师加起来超过 100 人，我们有一个自己的演示屋，核心研发团队所有成员会坐在一起办公。

马洋的团队提出了一些问题：通过前期分析来看，这款汽车 80 公里的里程问题不大，两升的话油耗问题应该也不大。问题就是如何用 4.9 秒来加速，这个时间可能有点问题。现在来看，需要电气部提升一下发动机的功率和电机的功率，让加速时间缩短到 4.9 秒。

为解决这些问题，比亚迪专门成立了一个实验中心，研究新型材料。研究人员设计的新型碳化硅，可以为电动机冷却系统发挥作用。

比亚迪工厂位于深圳最远的大鹏新区，厂区本身就是一座小城。除办公区和生产区外，这里还有工人宿舍、实验中心，甚至有自己的试验场。新老型号汽车都要在试验场中进行测试，每批车都要拿出几台进行各种路况测试。

公司员工在巨大厂区里的交通工具是云轨，而且比亚迪正在计划将这种云轨从厂区铺到深圳。

潘丽娜刚来比亚迪工作一年。她来自北方，目的是考

取技术学院。工作和学习兼顾的她希望能成为一名程序设计员。潘丽娜在厂里负责电动机质量监督。

电动机和蓄电池是比亚迪的拳头产品。一般充一次电要确保电动汽车能从西到东横穿整个深圳。厂区里有许多充电桩，无须去市区寻找。公司会为每位购买自己产品的职工提供优惠的价格。潘丽娜也想将来能买一辆这样的汽车。

潘丽娜 比亚迪汽车工业有限公司物料配送员

我的工作岗位会接触到比亚迪的所有车型。我喜欢比亚迪的"唐"，因为我觉得"唐"在性能等各方面都还挺好的。

混合动力汽车充电站电力来自最环保的太阳能，也就是说，汽车充电是通过深圳的太阳能完成的。深圳几乎一年 365 天都有充足的日照，比亚迪巨大厂房的棚顶就是一块大的太阳能电池。

李超 深圳市优必选科技有限公司商务经理

目前给汽车充电的充电桩不是很多，但政府已经在大力给电动车设立充电桩。随着时间的推进，充电桩会越来越多，给汽车充电会越来越方便。

深圳是中国市场改革改变生活的典范。这座大都市的出现，要感谢中国社会主义改革开放和现代化建设的总设计师邓小平。

深圳几乎到处都在建写字楼或住宅楼，泊车用地严重不足。深圳解决这一问题也极具创新性。

李超哥哥家附近有座多层停车场，是中国"IT 之都"深圳自己设计建造的。

怡丰在深圳算是有历史的，怡丰公司十余年专业从事新一代泊车技术，不过这家企业之前是生产电风扇和工业用炉的。

吴昊 深圳怡丰自动化科技有限公司 CEO

当时为什么会进入停车市场？首先是看准了汽车会进入家庭。正如中国现在面临的问题：汽车停放在哪里？停放在路边，停放在绿化带，停放在一些公共场所？停在这些场合非常影响城市的动态交通。

如今，怡丰公司的多层停车场已遍及大型写字楼、医院以及重要地铁换乘站和公园。

多层停车场中，平均每个车位只占一平方米，普通停

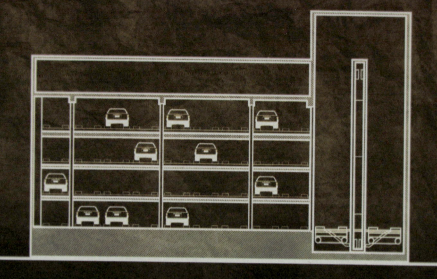

车场则要占三平方米。如果停车超过一百辆，则节省的面积相当可观，这对于深圳这样寸土寸金的地方相当宝贵。

多层停车场其实并不稀奇，美国早已司空见惯，重要的是怡丰用的是全新系统，是智能化的第三代停车技术。

汽车驶入停车场后，会先到车库的入口平台上面，在平台上面停稳之后，就会进入刷卡机，自动导引运输车(AGV) 车库平台首先升起来，然后 AGV 会跑到车库出入口，把车接到一个空闲车位。AGV 把汽车放下来后，就会跑到一个休息区域，等待下一次的程序操作。

吴昊 深圳怡丰自动化科技有限公司 CEO

我们现在开发的一些信息化系统，可以让驾驶员通过手机发

自动导引运输车

自动导引运输车（Automated Guided Vehicle，AGV）是指装备有电磁或光学等自动导引装置，能够让汽车沿着规定的导引路径行驶，具有安全保护及各种移载功能的运输车。AGV 属于轮式移动机器人（Wheeled Mobile Robot，WMR），通过电脑控制其行进路线和行为，或利用电磁轨道(Electromagnetic Path-following System)设置行进路线。该装置及其使用技术已在中国逐步得到普及，并将越来越惠及民众的交通出行。

指令，比如说快下班了就发一个指令，它会预先去排队取车。比如你预计十分钟后会下楼取车，这个系统会计算并精确地把握好时间，等你下到电梯之后，车已经停放在出口处，只要刷卡就能把车开走，这也是非常好的体验。现在也有一些客户来找我，他们对第三代产品非常感兴趣。莫斯科部分地下停车场的改造和圣彼得堡地下停车场的改造，也需要用到第三代产品来提高停车位数量。

李超终于到哥哥家了。小侄子鸿仔正盼着具有深圳高科技范儿的惊喜。

李超 深圳市优必选科技有限公司商务经理

咱们好久没见，今天给你带了个小礼物，是叔叔公司做的一个机器人，它叫莹莹，你之前肯定从来没有见过。你看是不是跟你胸前的这个很像，它也有红色的帽子。

李超：你好莹莹！

机器人：干啥？

鸿仔：1加1等于几？

机器人：等于2。

李超：对不对？

鸿仔：对。

李超：你今天开不开心？

鸿仔：开心！

深圳这座不断发展的高科技之都，其未来建设者不仅有人类，还将有机器人。这座现代化大都市堪称"世界第八大奇迹"，就像诞生于"中国硅谷"的神奇机器人让小男孩感到惊喜一样，深圳也在不断带给人们惊喜。

中国智造

　　智能制造（Intelligent Manufacturing）主要包括智能制造技术与智能制造系统。从智能制造创新研究部门对智能制造给出的定义，以及智能制造实现的目标来看，传感技术、测试技术、信息技术、数控技术、数据库技术、数据采集与处理技术、互联网技术、人工智能技术、生产管理等与产品生产全生命周期相关的技术，均为智能制造的技术内涵。智能制造以智能工厂的形式呈现。

　　智能制造的重要载体——机器人，是集机械、电子、控制、计算机、传感器、人工智能等多学科先进技术于一体的自动化装备，代表着未来智能装备的发展方向。中国是工业机器人应用大国之一，行业发展迅速，产量逐步增长。中

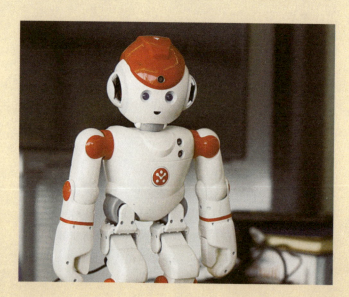

商产业研究院数据显示，2018 年，中国工业机器人产量为 147682 台，同比增长 4.6%，预计 2019 年工业机器人产量将近 20 万台。而 2015 年中国机器人产量仅 32996 台，2017 年突破 13 万台，提前三年实现了 10 万台产量的目标。

　　在全球数字化、智能化趋势下，智能生产正在将传统的中国制造转向"智造"，并借助物联网、大数据、云计算技术等丰富应用场景，发展智慧农业、智慧医疗、智慧物流等"智能 +"产业。这将有力推动相关产业升级，并促进服务质量提升，在缓解劳动力缺乏和地区发展不平衡等问题方面将发挥重要作用。

武当功夫

The Secrets of Wudang Wushu

一群人正在练中国传统武术——太极拳。他们身姿优美，轻缓的转身动作看上去宛如天上的浮云。步伐平稳而流畅，轻巧得令人着迷，观看他们练习就像在观赏日出或欣赏流淌的小溪，令人流连忘返、欲罢不能。

太极拳最让人感到震惊的，应该不是中国式舞姿，而是看似均匀、颇具舞蹈节奏的缓慢动作，它会在瞬间从防御变成进攻。最重要的是，它还能够准确预测对方的动作，合理使用气力出击。

胡立清 中国武当功夫团副团长

内行人看太极，要看你的架势，看你的功夫。而外行就看你的热闹，看你的动作是否飘逸、潇洒、大方。

太极拳是中华武术的流派之一，也是当代中国最流行的运动项目之一。武术是中国搏击艺术的总称，"武术"这个词由两个汉字组成："武"表示战斗，"术"表示技术。如今太极拳学校遍布全世界。然而，想要真正掌握太极拳技巧的人，应该想办法去太极拳的发祥地——武当山。

胡立清 中国武当功夫团副团长

武当太极拳强调以柔克刚，把力量性和灵活性结合起来，打拳的动作要平静且缓慢。武当太极拳是内外兼修，以修"内"为主，即内脏功能调节，并使内脏功能能够互相制约、互相配合。

武术分为内家拳和外家拳。著名的少林寺武术属于外家拳，主要研究自卫和攻击的招数，训练的主要是体力和冲击速度，其目的在于赢得战斗。而内家拳与此截然不同，其最古老的功法便是太极拳。内家拳大师的身体非常灵活，他们可以如流水般移动，总是能够躲避击打，必要时也会借助对手的力量对其进行反击。

13世纪的传奇道士张三丰被尊为武当派太极拳的开山祖师。据史书记载，张三丰曾经观察过蛇鸟斗，并惊叹于动物们的运动"技巧"。在此基础上，张三丰开创了自成一派的武术风格。

胡立清 中国武当功夫团副团长

我们平常研究蛇的一些动作，因为它身体很灵活也很柔软。喜鹊有一些刚猛的动作，"啪"地一抓、一带，体现了喜鹊的刚猛。蛇就柔，比较柔软、柔弱。

太极拳大师不是在遏制对手的力量，而是在控制它，达到借力的目的。最终，一生致力于此类武术的人，能够拥有令人难以置信的强大力量和敏捷度，而不危害自身和他人健康。

陈师行 武当三丰派第十五代传人

小时候受电视的影响很大，因为那个时候中国的武侠片里人是会飞的。我很喜欢这种功夫，从小就有一个轻功梦，于是带着梦想来到了武当山，一直在追求轻功的精进。

与胡立清师傅不同的是，陈

张三丰与武德

张三丰于1247年出生，是武当派的开山鼻祖，创建了太极拳。他一生修道习武，深谙道家哲学，主张"福自我求，命自我造"。因此，他心无杂念，心情舒畅，勤练武功，身体健康。

武术不仅仅是练武等表面形式，还需要讲究武德，这也是此门技艺的思想精髓。古代的修炼之人，专注信仰和道德，恬淡质朴、淡泊名利，将身体融于道中，成高功而创拳法，如张三丰创立太极拳那样。在师徒传承武术时，采用择人而教、教人育德两种方式，以武德为宗旨。崇尚武德是中华传统武术繁荣复兴的根本。

师行不仅是一位武当派师傅，还是一位道士。正是因为道士们保护并传承了古代太极的知识与技法，太极神功才得以流传至今。太极拳与道教密切相关，其基本理念是不断修身养性。

陈师行 武当三丰派第十五代传人

　　道教和佛教中，人们说得最多的就是佛家修来世、道教修今生。它们最大的不同点是，修炼道教功夫是道士修身养性的重要部分。每个人都想长寿，享受每一天是最关键的。如果你每天都在为提升自己而努力，你就会忘记自己的年龄。

　　30多年前，陈师行便走上了不断完善自我的道路。这些年来，他在战胜地心引力的同时，也在不断克服心魔。

陈师行 武当三丰派第十五代传人

　　除了轻功梦，还有就是由于家人老受人欺负，我就带着父亲让我练好功夫使家人不被欺负的仇恨心理，来到了武当。

　　陈道士来自中国中部的一个小村庄。11岁时，他来到武当山道院。在高山上，在树林间，他整天忙于练习武术、诵读经书、打坐冥想，为的是研究人生之路——"道"。

陈师行 武当三丰派第十五代传人

　　道在心中。在经唱和武术的调理过程中，它的一招一式都对心性起到一种调理作用，滋养五脏。我最初是带着仇恨来武当的，但因为"道"在心中，慢慢化解了我的仇恨，之后就没有仇恨了。

　　如今，陈道士毕生的事业就是要将自己所掌握的道教知识传承下去。他不仅教导未来的道士们，也为那些想要掌握武当派武术的普通弟子授课。无论天气如何，他的弟子们每天都在习武。武当山中常年雾气弥漫、气候湿润、阴雨连绵。然而，即使是坏天气，训练也不会受干扰。相反，这样的天气能够培养人的克制力和忍耐力，这也正是陈师行苦心追求的。

武当山上的道院修建于公元 7 世纪。到了 20 世纪，寺庙逐渐荒废，这些建筑大多被毁。然而，为了吸引游客到来，大部分建筑又被修复一新。

一些道士仍然居住在高山上，守护着寺庙，但大多数道士搬到了武当山脚下。在湖北省十堰市，他们开办了武当派武术学校，传授这门自古传承的技艺。

陈师行和袁修刚是在同一时间、同一位师傅的教导下领会了道家智慧，他们相处了将近 30 年。

和陈师行相比，袁修刚研习太极拳的时间更长。

袁修刚从小就患有风湿病，那时候他希望能借助少林寺武术来治愈疾病。

袁修刚 武当三丰派第十五代传人

在少林寺学武术时，头上放一摞砖，大斧子砸下去把砖砸破，大部分时间学的是这类功夫。那里只有"练"，没有"养"。以前不知道什么是"养气"，进武当后才知道。

"气"指的是身体内部的可控能量。中国专门开辟了代表生命能量之真气的医学研究领域。元气是否存在还没有科学论证，但是那些修炼太极拳的人绝对不会怀疑这一点。

袁修刚 武当三丰派第十五代传人

修炼内家拳是一个养气的过程，目的是"两练"：一是"练我用"，意思是在聚集一定能量的时候让它爆发出来；二是"练我养"。

袁修刚正是在道观里学会了运用内气战胜病痛。如今，就像他的"学友"陈师行一样，袁修刚也是太极拳的正宗

传人。这两位都是三丰派第十五代入室弟子。三丰派指的是武当真人张三丰创立的武术学派，袁修刚和陈师行师从武当三丰派第十四代掌门大弟子钟云龙道长。

袁修刚　武当三丰派第十五代传人

　　认识师傅是在 1992 年，开始他不收我，我感觉他是一个特别严格、特别严谨的人。师傅在教授过程中基本上没有过多的语言，这在练功方面可能就会增强"传帮带"的效果，也让徒弟对师傅更敬畏，徒弟练功会出成绩，所以我们就被选上了。

　　如今，钟云龙是全国备受尊重的道长之一。他在武当山上悉心管理着武当清微道院，他的道院更像道观，所有的弟子都准备修身为道士，经常在道院留宿。钟云龙按照古代的道教经书培养他们，就像半个世纪前自己接受师傅教导一样。

钟云龙 武当三丰派第十四代传人

中国人学习武术不是为了伤害别人，我们讲的是强身健体、防身自卫、行侠仗义、除暴安良。习武是为了维护社会安定，帮助弱者。

钟道长的道院不大，分上下两层。第一层是训练场地、厨房和斋堂。斋堂是参玄悟道的厅子，钟云龙道长在这里给大家讲课，传授道教知识。第二层是活动大厅和休息室。活动大厅平时是弟子们练功的地方，可以踢沙袋；在休息室里可以喝茶、弹琴、听音乐、读书，放松休息。

钟云龙 武当三丰派第十四代传人

中国武术过去都是以师徒形式传授，这种形式的核心要义是相互的责任和承诺。那么，如何体现承诺和责任？比如说我收一个徒弟，就要对他终生负责。当然，这个徒弟在外面口碑的好坏也会对我有影响。他如果在外面做了坏事，我也要承担责任，这是中国传统的师徒。所以，中国的师徒也称为父子，师徒关系就好像是父亲和儿子一样的终身关系。

　　所有的弟子都遵守严格的规定。一旦走上道教之路，从最初就必须放弃吃肉。午餐通常就是米饭、炒土豆、白菜炖豆腐。进餐时需要绝对安静，必须将盛到自己托盘里的食物都吃干净。

　　道院的二层还有一个单独的房间可以练习书法。钟道长本人就时常练字，不断提高自己的书法水平。此外，他每天晚上都在三丰大师像前打坐冥想。

　　15 年前，袁修刚就已经出徒。但直到今天他都不愿意回忆那段日子。

袁修刚　武当三丰派第十五代传人

　　练功时偶尔会有惰性，练久了都想偷懒。那偷懒被逮到怎么办呢？一个人偷懒，全体挨罚。

陈师行　武当三丰派第十五代传人

　　记得第一节课我练习武当的步法。第一个就是马步，马步就是打开腿，悬空坐姿，大腿必须是平的，我一分钟都蹲不了。忍不住时动了一下，然后师兄一棍子就打过来了。

如果钟云龙遵循的是古人严格的教学风格，那么袁修刚对待自己弟子的态度就显得宽松多了。

袁修刚　武当三丰派第十五代传人

我们现在带学生基本上没有多少体罚，对学生的要求也没有那么高，这可能是因为时代的变化和人际交往观念的改变。

袁修刚的学校以民主著称。如果说30年前武当山还没有外国人，那么今天，袁修刚的学校对全世界所有人都开放。美国人杰夫·里德是他弟子队伍里的忠实粉丝之一。

杰夫·里德　袁修刚弟子

对于我的亲人们，乃至对于整个西方社会而言，我就是只标新立异的"白乌鸦"。当我还是个孩子的时候，就一直在寻找与众不同的路。在出发来到这里前一年左右，我跟女友分手了，所有的朋友都知道我要来中国。朋友们基本上支持我，但不是每个人都能彻底弄懂我，甚至有些曾经跟我一起在美国练过太极拳的朋友，直到现在也无法接受我的决定。

杰夫还在美国时就已经开始练习太极拳，但很快他就

发现，远离太极和道教的故乡中国，无法达到自己所希望
的水平。杰夫现在不仅掌握了武术，还学会了中文。

杰夫·里德　袁修刚弟子

　　我已经做过拜师仪式，已成为
三丰派第十六代传人，所以我也可
以算是一个真正的道教人了。

　　如今，美国人杰夫能够毫不
费力地阅读道教的主要经典著作
《道德经》。他定期拜访武当山
道院，有时甚至比中国"同行"
还要频繁。

杰夫·里德　袁修刚弟子

　　道教要你做什么？它要求不
断完善自己，就是这个意思。练功
也会让人不断进步，阅读让人开发
智慧。你看那个《道德经》，我忘
了是第几章了，好像是第三十三章，
说："知人者智，自知者明。胜人
者有力，自胜者强。知足者富……"

　　如今，武当山的道观也成为
一处旅游观光场所，成千上万来自中国以及世界各地的人，
希望观赏中国的建筑杰作。然而，络绎不绝的游客并没有
改变武当人的初衷，他们精心保护并试图传承真正的道教
传统，以及可称为武当精华的古典武术。

老子与《道德经》

老子生于春秋时期(约为公元前571年)，
是中国古代思想家、道家学派创始人。
老子的传世作品是《道德经》（又称《老
子》）。据联合国教科文组织统计，《道
德经》是除《圣经》以外被翻译的语言
种类最多的文化类名著。《道德经》主
要论述"道"与"德"。"道"既包含
个体修炼方法，也体现自然生长规律、
宇宙运行规律；"德"更注重修道者所
必备的世界观、方法论和为人处世方面
的知识。俄国著名作家托尔斯泰曾如此
评价：做人应该像老子所说的如水一般。
没有障碍，它向前流去；遇到堤坝，停
下来；堤坝出了缺口，再向前流去。容
器是方的，它成方形；容器是圆的，它
成圆形。因此它比一切都重要，比一切
都强。

中国功夫明星——全球华人的名片

中国的武侠电影让全球认识并记住了中国功夫，也记住了中国的功夫明星。现在各国年轻人都在学中国功夫，甚至将中国与功夫简单画上等号，形成刻板古老的印象。

中国功夫首位全球推广者——李小龙，是一个传奇人物，也是世界武道先驱者、功夫电影开拓者、截拳道创始人。由李小龙主演的电影《精武门》《猛龙过江》《龙争虎斗》等曾多次打破世界电影票房纪录。更为厉害的是，李小龙让"Kungfu"（功夫）这个词进入外语词典，并使之成为全球惯例用法，让世界都知道了中国功夫。

继李小龙之后，成龙是首位打入美国好莱坞的华人功夫演员，也成为全球华人中一张亮丽的名片，世界功夫巨星。他的忠实粉丝数量过亿，遍及全球，连美国前总统奥巴马也是他的粉丝。成龙刚进入好莱坞的时候，受到很多外国人的排挤，但他不屈不挠的精神、坚韧不拔的毅力、敢死敢拼的

勇气，使他最终成为全世界的功夫巨星。他几乎在拍摄每部电影时都会受伤，身上的伤加起来有上百处。甚至有多次为了能拍出一个精彩的武打场面，差点付出了生命。目前，成龙依然坚持为中国功夫电影作出贡献。

　　近年来，功夫明星吴京成为当今华语娱乐圈最具人气的男星之一，而且逐渐步入国际视野。由吴京领衔主演的《战狼Ⅱ》《流浪地球》两部影片，在中国和全球均收获较高的票房和较好的观众口碑。

国粹京剧

The Beijing Opera: Reality and Eternity

家住北京的王彦春是一位京剧演员、道具师，更是一位地地道道的京剧迷。每天早晨 8 点，王彦春先生的小商店准时开始营业。小商店位于一处居民楼底层，里面有古老的头饰、夸张的假胡须、带着长长水袖的绣金戏服，看起来像个博物馆。

在中国，人们对京剧这种艺术形式的热爱可谓代代相传。王彦春先生的儿子就职于北京最大的京剧院之一——梅兰芳大剧院。今天，这里会举行京剧《兴汉图》的首演。像大多数京剧剧目一样，该剧取材于真实的历史事件。更难能可贵的是，该剧的编排、扮相、唱腔和身段同样源于历史。在中国，每一出京剧都是一座通往伟大历史文明的桥梁。

王彦春 京剧演员、道具师

京剧的传承方式和京剧的文化底蕴，要求一出戏要传承多少代且还不能走样。作为一个京剧演员，或者说京剧表演者、传承者，他要把中华民族的传统文化艺术一丝不苟地往下传。

说起歌剧，欧洲人会想到什么？身材圆润的女低音，仪表堂堂的男高音，多声部的合唱团和乐池里的几十名乐手。

京剧与欧洲歌剧完全不同。京剧演员的吊嗓、雄壮的鼓点、尖锐的京二胡声、各个行当的声腔及表演艺术，创造出独具一格的演唱艺术风格。京剧是世界上独一无二的艺术，它有别于威尔第或普契尼的咏叹调，却具有同样优雅的艺术魅力。在很长一段时间里，京剧这种中国特有的音乐艺术形式，对欧洲人来说封闭而神秘。直到 20 世纪，京剧才在全世界范围内得到应有的赞誉。

京剧得以蜚声海外，在很大程度上归功于中国最著名的京剧表演艺术家之一——梅兰芳先生。

20世纪中叶以前，京剧中的所有角色都由男性演员完成——类似的情况也存在于莎士比亚环球剧院。梅兰芳正是以"旦角"表演著称。梅兰芳的环球巡演把京剧带向了全世界。始建于2007年的梅兰芳大剧院，其对中国人的意义不逊于巴黎歌剧院之于法国人、莫斯科大剧院之于俄罗斯人。

如果说对外国人来说，京剧至今仍是一种奇幻的异国艺术的话，那么它对于中国人来说，就是一本已经打开的书——你只需学会如何读懂它。想要读懂京剧这本"书"，仅有语言知识是远远不够的。这种独特的戏剧艺术，从"扮相"到"身段"，都需要用特殊的"符号语言"来读懂。

观众陆续落座，演员们还在上妆。京剧中的妆容有几千种，由此衍生出了著名的"脸谱艺术"。剧院主楼前矗立着一个别致的脸谱雕塑。

郭凡嘉是著名京剧演员，虽然她是这出戏的主角，但她仍和化妆间里的其他演员一样，自己化妆。郭凡嘉女士扮演的角色是中国汉代第一位皇帝的妻子。丈夫死后，她试图将继子从皇位上赶下来，自己掌权。

梅兰芳对京剧的贡献

京剧从诞生到现在，有200多年的历史。作为年轻的戏剧艺术形式，京剧却成为中国的国粹艺术。程长庚、谭鑫培、梅兰芳等里程碑式的人物为京剧的发展作出了卓越贡献。

梅兰芳的京剧表演艺术，代表着中国的国粹。他与斯坦尼斯拉夫斯基、布莱希特并称为世界三大艺术体系。梅兰芳对京剧艺术的贡献有很多方面：首先，突破青衣表演只重唱功、不讲究身段的惯例；其次，乐队编制上加入二胡；再次，开创了剧目编排的时装及古装戏。梅兰芳多次率团到日本、美国和莫斯科演出，开创了中国京剧走向世界的先河。

郭凡嘉 京剧演员

我演的吕后是一个心狠手辣的人。化妆时用的白色油彩通常代表着反派角色。

欧洲歌剧中，人物的性格需要通过行为来表现。与之不同的是，京剧中的人物一上场，善恶立显。每一种颜色的脸部妆容都有固定的含义：红色象征着忠诚和公正，白色代表着奸诈，黑色象征着无私，蓝色代表着勇敢，绿色则是暴躁的代名词。脸妆上的每一个点、每一条线都具有独特的含义。和妆容一样，京剧道具也具有强烈的象征意义。细节中往往隐藏着所有真相，人物形象通过方方面面的细节来体现。

王浩飞 道具师

这个叫作剑。淮南王刘长使用的就是这把大"人"字剑，它为什么叫"人"字剑？因为他就像中国汉字里的"人"一样，

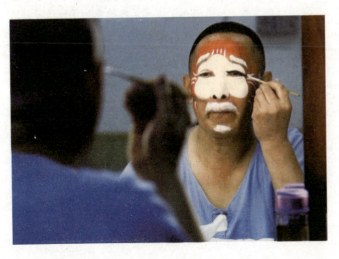

象征着他的级别比任何人都高很多。

在父母的影响下，王浩飞自幼便爱上了京剧。他的父亲也有过类似的经历。

王彦春　京剧演员、道具师

由于父母从一开始就做京剧服装和道具，我在他们身边受到了一些熏陶，后来进入了国家正规的戏剧学校学习，从此便开始了我的京剧演员演艺生涯。

今天的京剧仍旧保留了两个世纪前的样子。

张建国　京剧演员

京剧过去没有导演。京剧是角色的艺术，就是演员的艺术。它不像西方的一些戏是有导演的。京剧在舞台上的呈现，都是由演员的成就或演员的本事来决定的。同样的一出戏，换一个人演就是另外一种形式、另外一种天地，因为演员的表现能力就不一样。

张建国，著名京剧演员，在《兴汉图》中身兼两角。

张建国 京剧演员

在京剧领域，前人的舞台实践经验和艺术造诣比我们要高深得多，我们目前是学习阶段，还达不到京剧大师的艺术风范。一些传统的剧目，已然成了经典，需要我们当代演员认真继承，然后完完全全地、原汁原味地演给观众。

京剧演员在舞台上的所有动作都有象征意义：进出家门、上下台阶、过河……所有的行为都会通过专门的动作来表现。绕圈踱步代表着路途遥远，手拿皮鞭原地跑则象征着策马奔腾。京剧中的角色主要分为四种类型：生（正派男性角色）、旦（女性角色）、净或花脸(男性军人)、丑(丑角)。淮南王这个角色是京剧中典型的"花脸"。

舒桐 中国戏曲学院教授、京剧演员

我表演的淮南王，在举手投足、脚步、眼神等方面，还是继承了京剧传统规范的演出技法。比如说，一个手势，不同的人物，不同的行当，就会有不同的要求。

舒桐在今天的剧目里扮演淮南王。他是花脸角色的典型代表。作为中国戏曲学院的教授，舒桐先生经常协助刚入行的京剧演员们选择自己的行当，一旦选定，终身不变。

京剧行当

戏曲演员专业分工的类别称为"行当"，主要是根据角色的性别、性格、年龄、职业及社会地位的不同，划分为生、旦、净、丑四种类型。生行是扮演男性角色的一种行当；旦行扮演女性的角色；净行俗称"花脸"，主要扮演性格、品质或相貌不同于一般、有突出特征的男性人物；丑行又称"三花脸"，多演伶俐幽默或阴险狡猾的角色。

京剧舞台上某个人物出场时，观众可根据角色所属行当中化妆、服装、表演和声音等特点，立刻就对这个人物的"共性"有所认识和理解，然后再通过演员的具体表演和台词，逐步加深对人物性格的认识和理解，这就是京剧塑造人物的特殊表现方法。

人们常把中国戏曲学院比作戏曲艺术家的摇篮。在这里想要学好京剧并不容易，京剧艺术的历史、扮相、配乐与表演技巧，仅占戏曲学院学生学习内容的十分之一。在幅员辽阔的中国，中国戏曲学院的规模并不算大，学院的教学理念是"言传身教"。为了给每一个学生足够的关注和培养，学生人数相对较少。

褚沣怡 中国戏曲学院学生

京剧课不同于其他课程，只是上完课就完事了。因为师傅会像奶奶、妈妈一样照顾我们。无论是在生活上还是专业上，师傅都会给我们非常大的帮助。

学生们一遍又一遍地模仿老师的动作，每个唱段不仅要唱出来，而且要辅以相应的眼神、表情以及经典手势与姿态。学院里的教学日从早上7点开始直到深夜结束。女生的课业任务跟男生一样重，因为京剧里的旦角在没有女性参与前早已诞生。

　　赵乃华 12 岁进戏校学戏，后来进入北京戏剧院工作。
2000 年退休后，她被邀请到中国戏曲学院从事教学工作。
这些年来，她带出了 30 多个学生，其中一些已经成为国内
知名的京剧演员。

赵乃华　京剧演员、教授

　　戏曲是我最钟爱的职业。因为我出自京剧世家，从小就
喜爱京剧。父亲也是教授，父亲和大爷都是科班出身，我也
继承了他们的艺术事业。

　　戏剧学院里每年都会举办京剧比赛。合格的演员是不
愁找工作的，就算没有登上京剧舞台，他们也可以通过出
演不计其数的影视剧，为自己挣得一份报酬。这种"改行
就业"的典范之一是著名演员成龙。当年成龙在香港读的
就是戏校，虽然最终没有得到戏剧女神的眷顾，但是他的
电影闻名世界。

赵乃华 京剧演员、教授

京剧艺术必须靠一点一滴的积累，等专业水平不断提高、不断成熟以后，才能成为比较出色的演员。如果要走捷径，追求影视演员那种一夜成名，在京剧界是不可能的。

就算在舞台上小有成就的演员，也不一定留在北京。京剧虽然叫作"京"剧，却并非"首都专属"。在中国有这么一种说法："要学戏，去北京；要看戏，去天津。"

在人口密集的天津，大大小小的音乐厅和剧院有几十家。天津戏剧博物馆所在的这座不太起眼的宅院，就是专为京剧演出修建的。今天，这里已经成为中国首座戏剧博物馆，除了各式各样的展品，这座建筑本身的意义更加非凡。

杨艾卓 天津戏剧博物馆馆员

藻井，是由数以千计的异形斗拱组成的，采用像小孩搭积木一样的堆叠形式，一个挨一个往上摞，就形成了旋转的形态。藻井酷似我们吃的菠萝的外形，因此可以叫它菠萝式藻井。

清朝末年中国是没有麦克风的，这个藻井便起到拢音、放声、美化声音的作用。

　　杨艾卓已经在天津戏剧博物馆工作差不多十个年头了，看过几百出剧目。今天她将再次看到京剧《时迁偷鸡》，这个剧目讲述的是《水浒传》人物时迁的几个生活片段。

侯佩志　京剧演员

　　我扮演的时迁在这个时期还没上梁山，还是一个偷鸡摸狗的小人物。脸谱中小偷时期的时迁眼角是往下耷拉着的，就跟叫花子一样。

　　时迁的角色属于"武丑"，就是指有武艺又滑稽的人物。想要演好这个角色，除了要唱好之外，还要会武术并能完成一些杂技动作。在欧洲歌剧中，没有一个歌唱演员有这样的技能。

侯佩志　京剧演员

　　我的本行当是武丑。要想学好武丑太难了，下的功夫要比别的行当多得多，比如人家站着走，我们得蹲着走。我们这个行当不是说你光学会就完了，如果学会后不练，到了舞台上做动作时就会感觉身体不受支配。

　　京剧能从精神、文化和身体方面培养人、锻炼人。正因为如此，如今许多家长从孩子小时候起就送他们去学习

京剧。"京剧幼儿园"在天津很火。都说中国式教育很严格，这里却提倡多鼓励孩子们。

王杰 天津艺术职业学院教授

通过几年的培训，现在中国尤其是天津京剧学校影响力很大。来到学校学习得先通过考试培训，然后才能进到幼儿园。

如果一个孩子从小就表现出超群的京剧天赋，那么他可以沿着这条艺术道路继续走下去——进入专业戏校学习。王立才退休前在剧团当演员，如今他已经在天津市京剧学校从事教学工作九年多了。

王立才 天津市华夏未来少儿艺术团教师

我总结出，培养小孩们的京剧兴趣，首先要让他们走进京剧、感受京剧、享受京剧。在我的课上最重要的是打基础，万丈高楼平地起，打基础对于孩子们来说很重要。部分前辈过去没有多少文化，但是他们知识很丰厚，从哪来的？从中国的戏剧中来，我们的戏剧文化底蕴太深厚了。

戏校里的孩子，年龄从 5 岁到 13 岁不等。在这里能最终看得出一个孩子是否能从激烈的竞争中脱颖而出，成为真正的京剧演员。

王立才 天津市华夏未来少儿艺术团教师

有些孩子学了京剧，知道了传统文化对自身的重要性，但是他的天赋条件不适合走专业道路。我就建议这样的孩子做取舍。比如说，他将来可能会成为一个相当好的观众。我们天津出好票友，好票友简直就和专家一样。很多家长原本

是京剧高级票友，当孩子从艺术团出来后，他们的专业性很快就不如孩子了。

票友是真正的京剧迷。天津市人民公园里，每周都有两次票友活动，有时候活动会更频繁。几十个票友会聚在一起表演他们喜欢的京剧桥段。

最有才华的票友甚至有登台演出的机会。中国天津的"和平杯"京剧票友邀请赛就是专门为专业票友设立的。距离天津市人民公园不远的地方，住着这样一家人——全家都是票友，这家人在天津市京剧迷中很有名。

温学兰是一名退伍军人，也是京剧大赛的获奖者，她

是天津市最活跃的票友之一。在她的大家庭里，对京剧的热爱代代相传。

温学兰 天津京剧票友

父亲年轻的时候学过三年戏，我们兄妹几人都是从小就跟着父亲学戏。每个人唱哪一个行当，学哪一件乐器，父亲都安排好了，大哥、三哥、四哥都唱老生，二哥拉京胡，姐姐弹月琴。

像欧洲歌剧中的音乐一样，京剧中的音乐类型非常丰富，有些流传至今的曲调在很多剧目中都可以使用，对整个演出具有重要意义。演奏中国传统乐器绝非易事。比如，

想学会拉两弦琴需要至少十年的功夫，并且越早开始学习越好。温学兰的大家庭已经在培养下一代的乐手了。

温学兰　天津京剧票友

　　因为有京剧，我们兄妹几十年来没有拌过嘴，没有红过脸。因为大家共同努力，所以家庭和谐。家庭和睦社会才能安定。

　　京剧的精髓源于儒家思想，即严格约束个人在社会和家庭中的行为。儒家思想贯穿于中国的政治、经济和文化。正是这样的思想基础缔造了京剧严格的艺术准则，使这门艺术得以在几百年里一直保持原貌。而戏迷对它的热爱也如数百年前一般，分毫未减。

当代中国京剧的传承与发展

　　当代中国京剧已有了长足的发展。它源于中国传统京剧又不同于传统京剧，它是在传承的基础上，融合传统京剧与现代京剧的创新与发展。

　　二十世纪二三十年代，梅兰芳把京剧从中国带出国门，让其成为世界观众的"宠儿"。近年来，余派第四代传人王珮瑜也在竭尽所能使更多人"懂"京剧。王佩瑜在节目中，用京剧韵白朗读的宋词《念奴娇·赤壁怀古》堪称惊艳，收获了很多 90 后、00 后小粉丝。王珮瑜尝试用当代观众能快速接受的方式来传播和推广，用大家都听得懂的方式来讲京剧，用流行的、通俗的方式来讲京剧的传统之美。她希望通过"角儿"这一个体带动整个行业的发展，让许多从来不看京剧的人，从网络、电视等各种大众媒体途径了解到京剧后，会走进剧场看京剧。

"新京剧"领军人物、中国著名青年京剧表演艺术家储兰兰，重在向海外观众传递"新京剧"艺术文化的创新与发展，将传统京剧的"唱、念、做、打"创新性地解释为"唱中国声音、念中国故事、做中国概念、打中国品牌"，并致力于将"新京剧"推向海外，在走出去的实践中将"新京剧"作为中国优秀文化的传播使者，在海外舞台上绽放中华文化之光芒，进一步向世界推广中华传统文化的精髓与魅力。

　　"新京剧"演出已受到海外观众的赞扬与肯定。美国总统特朗普的法律顾问米尔斯先生，曾拜访储兰兰女士并多次观看她的"新京剧"演出。在"新京剧"美国公演后，他与储兰兰一道接受了美国国家电视台专访，并对"新京剧"的艺术风格以及其以中国古典诗词集句为唱词的表现手法赞不绝口。因此，储兰兰常说："'新京剧'既是民族的，也是国际的。"

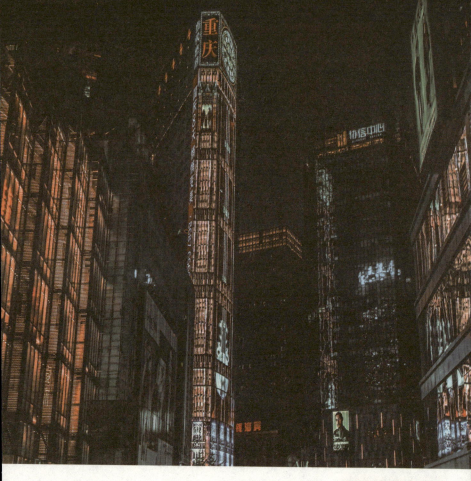

活力重庆

Rhythm of Chongqing

重庆是中国直辖市之一，这座城市位于中国的西南部，处在两条河流交汇处，被岩石山脉所环绕。重庆因常年浓雾缭绕而有"雾都"之称。此外，它还被叫作"山城"，即建在山上的城市。

地面轨道交通是重庆最值得骄傲的地方，同时也是其城市名片之一。"轻轨"，意为"轻型轨道"。轻轨线路被完美地嵌入地形复杂的山城重庆之中。一些轻轨站点甚至修建在住宅楼内，这可真称得上是工程设计的奇迹。地面轨道交通为乘客们展开了梦幻般的景致，几乎没有噪音的轻轨铁路也丝毫不会影响到居民的生活。

李果和妻子在临近轻轨站的新建小区里买了一套房子。从小区步行到轻轨站非常便利。由于工作性质特殊，李果的工作有时会通宵达旦，因此特意选择了距离轻轨较近的小区。

李果 轻轨司机

轮休制度平时算下来的休息时间还是要比别人多一些的，星期一到星期五要多一点，但没有固定的节假日。

由于工作的特殊性，李果不能经常陪伴妻子。他与妻子的交流更多只能通过聊天软件。

李果 轻轨司机

我和爱人相识5周年了，我想给她一个惊喜。

对这个年轻的家庭来说，今天是个特别的日子——相识纪念日。虽然两个人一大早就分开各自去上班了，但李果早就安排好了晚上的行程，他要给妻子一个带有重庆特色的节日惊喜。

　　"雾都"的轨道交通从 2005 年开始正式运营。现在遍布全城的轨道交通系统，是由两条地面线路和两条地下线路组成的。截至 2016 年，重庆轨道交通系统一共有 86 个站点，总长度约 200 公里。

李果　轻轨司机

　　门灯指令正确，双向黄灯 305 秒。轻轨和地铁是不同的，因为轻轨是单轨。如果从轻轨驾驶员转成地铁驾驶员的话也可以申请，但是公司会对你进行再培训。

　　李果的工作看起来没有什么难度。他驾驶轻轨时只需操作一个手柄，向后拉是加油，向前推是刹车。可就是这样再简单不过的重复动作也可能酿成事故。

李果　轻轨司机

　　我的工作是负责驾驶轻轨列车，确保这趟列车安全地从起点站运营到终点站。在运行过程中，如果遇到乘客的突发情况或列车出现故障之类的情况，便要进行排障。如果遇到乘客在车厢里出现事故的话，我们也会及时上报。

　　为了避免发生事故的任何可能性，司机必须大声说出自己的每一个操作，同时要在面对驾驶室里的摄像头时，用特别的动作加以配合说明。像中国其他人口稠密的城市一样，重庆的轻轨铁

"城市过山车"—— 重庆轻轨

重庆这座城市中所有建筑、公路等都是建立在山地上的，呈现出高低起伏、层层叠叠的特征。这样的地势大大增加了交通建设的难度，重庆轻轨的路线坡度变化大，时而从楼房中穿行、钻入隧道，时而爬山过江。这种轻轨能够上天入地、过江穿楼，简直就是一架巨大的"城市过山车"，它每天带着重庆居民与游客去冒险，去感受最刺激的飞奔。其中，李子坝站常有很多游客来此体验，为的就是目睹轻轨穿楼而过的那一瞬间；轻轨在平安站近 90°的弯道上行驶，车身缓缓倾斜，带着游客在楼宇中穿越，如果在车头处向前方望去，视觉效果更加震撼。

路属于国家层面推动建设的项目，因此政府给予了极高程度的重视。

罗江帆和自己的团队负责优化和完善地铁设施，保障重庆市民、重庆游客的出行便捷。

罗江帆 重庆城市规划发展局副局长

很多朋友到了重庆喜欢坐轻轨，在轨道交通上能感受到重庆的独特魅力。他们喜欢选择沿江的地段，在轨道比较高的地方观赏城市风景。所以我想旅游观光是轨道交通建设后的另外一个新功能。同时，也需要从轨道交通入手进行试点，去考虑如何更好地塑造重庆的城市景观风貌，将城市形象做得更好。

重庆市政府不仅小心翼翼地保护自然地貌，而且对待新建项目格外负责，既要考虑到新建建筑的实用功能，也会兼顾美观。为此，市政府特别重视对市政建设者、建筑师和设计师的培养。

　　而城市面貌未来的设计者们需从小加以培养。吴晓妮是一所艺术学校的校长。她开设教育机构的目的是为重庆寻找和培养具备艺术才能的孩子。

吴晓妮　刘开渠艺术学校校长

　　我们现在的学校教育不仅仅跟美术有关，实际上我们更希望通过教学，培养出一个个思维广泛的人。

　　小班的孩子们只有3~5岁，中班的孩子们大些，12~15岁。除此之外，这里还有为准备报考国内外美术学院的孩子们开设的预科班。

王闻汐　刘开渠艺术学校学生

　　之前想来这个学校就是因为我比较喜欢画画。其他传统美术学校的训练太死板了，每天只能画同一个东西，然后重复画。这个学校教学内容比较灵活、不繁杂，注重培养兴趣，感觉画起来比较轻松，自己也比较喜欢。

吴晓妮 刘开渠艺术学校校长

　　这些孩子坚信重庆是世界上最好的城市。我们希望他们毕业后，能投身于城市发展，把重庆建设得更美丽。

　　在上班高峰时，重庆轻轨上各个站点都人满为患。但在上午 10 点以后人流就会开始减少，这个时候乘坐轻轨就变成了游览。

　　如果要问世界上哪座城市最大，十之八九的回答是东京或纽约。然而真正的大都市却被人们忽视了。重庆总面积是 8.2 万平方公里，几乎相当于整个奥地利的国土面积，人口有 3000 万之多。

罗江帆 重庆城市规划发展局副局长

　　重庆在直辖体制、市内架构方面是非常独特的。它既有大的城区，也有大的农村地区。从发挥城市功能的角度来看，整个主城区应该说是一个完整的、独立的城市体的概念。

　　若干年前，"雾都"重庆还只是个小山村，今天只有旧城区里的特色建筑还保留着老重庆特有的模样和氛围，

能够依稀从老房子中描摹出以前的样子。

　　1929 年，重庆被确定为城市级行政区划，然而直到第二次世界大战后这座城市才真正发展起来。

秦定波　重庆市旅游局副局长

　　重庆是第二次世界大战时期著名的反法西斯城市，是远东抗战的指挥中心。它与莫斯科、伦敦、华盛顿并列为世界四大反法西斯城市。

　　每年 6 月 5 日，整个重庆上空都会响起警报声，这是为了纪念抗日战争期间"重庆大轰炸"中不幸遇难的同胞。抗战时，重庆不仅是全国的政治中心，而且迁入各类大型工业企业，由此奠定了未来发展的基础。

今天"雾都"重庆又迎来了新的发展契机。重庆是"一带一路"倡议中复兴古丝绸之路计划的重要城市之一。此外，这里建立起了类似于上海和深圳等地的自由贸易区，为中外企业家提供着发展机会，同时也吸引着越来越多的游客。

秦定波　重庆市旅游局副局长

2015 年重庆的年游客接待量是 3.9 亿人次，旅游消费总收入达到 2200 亿元人民币。尽管 2014 年《福布斯》公布，重庆位居"中国大陆四个最具竞争力旅游城市"第三位，但是旅游规模还不算很大。现在定义重庆的是火锅、夜景、轻轨。

罗江帆经常与自己的同事乘坐轻轨到达各个新建的站点，他们的工作就是负责改善这座城市的重要名片——轻轨的基础设施问题。

罗江帆 重庆市规划和自然资源局副局长

　　上午我和同事们乘坐2号线在沿途进行了探勘，主要是针对沿途站点的周边用地、旅游景观以及步行系统统筹协调等问题。我们在具体的解决措施上有不同的看法，有人提出从山坡做步行系统的联系，能够让游客直接到江边。但最后这个方案被否掉了，因为跨越这么多的道路，结构上是不可行的。

　　现在我觉得从地下走也是一个解决方案。利用桥下空间与居住区形成通道并增加联系。从桥下穿过来，跟江之间也有一个呼应，这样的架构造价是最低的，而且对城市景观也没有太多的影响，还把桥下的空间充分利用了起来。通过延伸这些步道能够和轨道交通进行更好的联系。这就更需要结合山城步道、结合地形，因地制宜。

秦传哲 大码头火锅店经理、火锅厨师

　　我不是重庆人。但是我喜欢重庆的轻轨，特别是坐在轻轨上面看着重庆的风景，格外美丽。

"火锅"或者"重庆火锅"起源于16世纪。秦传哲是传统火锅店的厨师长，特地来到重庆工作。中餐馆通常开门很晚，主厨一般要在开饭前才到岗。秦传哲上班时要先乘坐轻轨，之后再开摩托车。今天他出门早些，因为要去修理厂取回自己的摩托车。

火锅店主厨一天的工作从挑选食材开始。火锅的吃法是先端上半熟的食材，火锅的味道首先取决于这些食材的新鲜程度和质量。

几百年前，当地的摆渡船夫为了节省吃饭时间，就往盛满开水的大锅里放入手边现有的食材。然而，这种简单菜品的基础原料却是四川本地出产的味道辛辣、香气扑鼻的辣椒。这种辣椒可以帮助人们在寒冷天气中迅速暖和起来。今天，火红的辣椒成了"雾都"重庆不言自明的标志之一，同时也是重庆火锅的主要底料。

火锅的确是重庆人的最爱。据说，重庆的专营火锅店分布在城市的各个角落，特别是在渝中区。这个面积只有9平方公里的区域内集中了3000多家火锅店和其他店铺。

轻轨司机李果正是打算邀请妻子吃火锅来庆祝他们相识5周年。

不过这要等到夜幕降临。白

火锅为什么受欢迎

火锅已经成为最受全球人民欢迎的美食之一，中国各地和世界很多国家的人都喜欢吃火锅。火锅即以锅为器具，以热源烧锅，以水或汤烧开涮煮食物的烹调方式。据统计，2018年中国火锅市场规模达到4800亿元。火锅受欢迎的原因主要在于火锅的丰富性与食材选择的自由性。无论食客想吃牛肉、羊肉、鸡肉，还是毛肚、鸭血、鹅肠，或是蔬菜、菌菇，都能在一顿火锅里全部吃到。此外，年轻人更加注重生活质量和多样化选择，火锅能在食材上最大限度满足这一要求，在口味上也十分满足当前的"重口味"特征。

天，重庆呈现出的是普通的城市生活场景，大人们上班、孩子们上学。为了把宽松的教学气氛与良好的考试成绩相结合，艺术学校的校长不得不严格行事。这不仅仅涉及学生，也涉及老师。每周五校长会召集所有教师开会，对每一位老师进行评估。

吴晓妮的艺术学校是私立性质的，她已经习惯了超负荷的工作。她时髦而有魅力，只是还没来得及组建自己的家庭。

吴晓妮　刘开渠艺术学校校长

我在工作上花的心思已经很多了，平常唯一的爱好就是跟闺蜜在一起，可能就是喝喝茶。看完茶艺表演之后，我会感觉很放松。每当自己在这个氛围里面时，就会忘掉工作中的烦恼。

吴晓妮决定，在紧张的会议之后，约上闺蜜度过一个平静的夜晚。但紧张的工作却让她几乎把这个约定忘记，她甚至没发觉天色渐渐暗了下来，因此差点儿就错过了与闺蜜的见面。

吴晓妮　刘开渠艺术学校校长

在重庆这种城市，在高峰堵车期间，要跟朋友去玩、去茶馆看戏的话，轨道交通是最好的出行方式。重庆有非常漂亮的轻轨，乘客可以看到非常漂亮的景色。

夜晚的重庆简直变成了另外一个样子。吴晓妮乘坐的轻轨驶过了朝天门广场，这个地方是商务中心和酒店集中的最现代化的区域。这里有奇幻的照明灯，鳞次栉比排列着并带有巨大显示屏的摩天大厦如同复活了一般。

游客和当地居民在解放碑中心商业街上悠闲地逛着，

挑选着心仪的礼物。

辣椒不愧为重庆的象征，重庆生活本身就是这样的火辣。轻轨司机李果制造的惊喜很成功，他的妻子对在火锅店庆祝相识纪念日感到非常高兴。他们点了传统的红油辣锅底，小两口尽情享受着晚餐：用细长的筷子夹着生牛肉、蘑菇和重庆特有的美味鹅肠，在香喷喷的、沸腾的汤料中煮出它们的美味。

年轻的小两口在享用传统火锅晚餐时，吴晓妮和她的闺蜜正在欣赏重庆传统的节目秀——川剧变脸。

表演主持人

接下来就是我们等待已久的川剧——变脸，来让我们一起欣赏一下川剧变脸。不要吝啬你们的掌声，一、二、三，有请变脸大师隆重登场！

台上的演员用不同的嗓音演唱。在一首歌的时间内，演员多次在瞬间就完成了脸谱的变换。他的面具如此之多，就如同重庆本身多变的面貌——"山城"和"中国的雾都"。

"歪果仁"眼中的重庆

最受外国人欢迎的中国城市是重庆。近年来，超过一半的中国入境游客会选择到重庆旅行，这已成为"歪果仁"来到中国不可错过的城市。据统计，2018年上半年，重庆接待境内外游客的总数量高达 2.6 亿人次，境外游客直达重庆的占比达 62%。

重庆已成为世界级的"网红"城市。"歪果仁"反复在优兔网（YouTube）上发布视频介绍重庆，这让外国网友们难以淡定，对这座城市开始评论并期待前往旅行："如果公寓里有一条贯穿大楼的列车，租金会不会更高一些？""你看到过熊猫宝宝吗？你能做一个关于熊猫的视频吗？""沟通困难吗？我听说四川的方言似乎很难理解。""重庆是我最喜欢的城市，我第一次去觉得这里是最棒的城市，就像是从电影《银翼杀手2049》里走出来的一样。"

此外，外国人正逐渐融入重庆这座开放包容的城市。许

多"歪果仁"因为各种各样的原因久居重庆，并对这座城市产生了很深的感情。工作之余，他们到街边吃小面、露天坝吃火锅、铁山坪吃花椒鸡、磁器口喝盖碗茶……来自美国俄亥俄州的尼克，与妻子在重庆已生活五年，坐轻轨、串巷子和在炎热的夏天吃一顿重庆火锅，已经成为尼克和妻子生活的一部分。他说："重庆是比我的家乡大很多的另一个家乡，能够帮助它发展，我感到非常高兴。"富瑞莎已在重庆工作七年，对重庆旅游业的发展有着最直观的感受。"不要问我喜不喜欢这里，我'逗'是重庆人！"富瑞莎说。

02

深度

如果说，科技是一个国家的身躯，那么文化就是这个国家的思想和灵魂，这二者相辅相成缺一不可。没有科技的发展，一个国家乃至全人类将会「止步不前」，而没有文化的积淀与传承，人们的生活将变得毫无趣味，因为，「仅凭知识和技巧并不能给人类的生活带来尊严和幸福」。

熊猫频道："民间外交官"的交流展示窗口

衣炜

熊猫频道中心总监

  近年来，"熊猫热"席卷全球，熊猫不仅成为中外交流的最萌使者，也成为最具标志性的中国"符号"。截至 2018 年 11 月，全球圈养大熊猫数量达到 548 只，其中不少熊猫居住在中国以外的地方。这些旅外国宝在他乡受到极高规格待遇：大熊猫武雯和星雅登陆荷兰获专机接送、警车开道，动物园所在地甚至将整个小镇装扮成熊猫的黑白色；日本和歌山白浜野生动物世界出生的大熊猫幼仔与游客的首个见面日，游客数量高达往常的十倍；旅澳大熊猫阳阳手持毛笔作"水墨画"，售价高达每张 490 欧元……

  全球粉丝对大熊猫"追星"需求的与日俱增，促使熊猫频道应运而生。2013 年 8 月 6 日，央视网与成都大熊猫繁育研究基地正式合作推出以大熊猫为主要载体的全媒体平台——熊猫频道（iPanda）。

熊猫频道是全球首个24小时多路直播的大熊猫平台。熊猫频道内容构成基本包括以下三方面：一是全球首创的24小时多路高清大熊猫直播；二是点播节目，主要是娱乐类、科普类、互动类原创精彩视频；三是系列大熊猫精品纪录片，包括一些专题片。这些视频内容在网站、社交媒体以及各种终端平台进行呈现。通过网络直播讲述中国故事，利用熊猫这一跨越政治边界、文化差异的中国元素，传播中国传统文化，熊猫频道作为一张文化名片得到了国际主流媒体的认可。

　　在 24 小时直播镜头下的熊猫，早已成为最早一批直播
"网红"，不仅吃喝玩闹的日常生活广受关注，连同交配、
产仔、放归等非常专业的野生动物保护工作，也成为镜头
聚焦的热点。例如，一只叫奥莉奥的大熊猫在深夜试图从
栅栏的缝隙中钻过去，但由于体型过胖，被卡在中间进退两
难，因此它被网友调侃为"越狱失败的奥莉奥"。"美国海归"
熊猫泰山是一只明星熊猫，每当听到自己的英文名字"Tyson"
时它都会主动回头，比听到中文名字"泰山"的反应更大。
从美国回来后，泰山在夜间更为活跃，仿佛在倒时差。很多
网友表示，看它在夜间狂吃竹子，实在不利于"减肥"。

　　2017 年 2 月 22 日 19：00，熊猫频道通过海外社交平
台脸书（Facebook）账号 iPanda 发布了一则时长 57 秒的短
视频"熊猫宝宝实力演绎撒娇卖萌抱大腿"，展示了一岁
的熊猫宝宝奇一为了要美食跟饲养员奶爸抱大腿要赖撒娇，
一直不撒手的生动场景。该视频得到了 1400 万次粉丝点赞、

347万次分享以及184万条评论留言，最终全球总浏览量超10亿次，互动量达2000多万，再次刷新了熊猫频道上线以来中国海外社交平台互动传播的新纪录。除了普通受众，这条视频也迅速引起了世界媒体的关注，英国广播公司、墨西哥特莱维萨电视网、美国《华盛顿邮报》、英国《每日邮报》、俄罗斯《共青团真理报》等众多媒体都予以关注和报道，称其为"神奇的中国视频"。

2017年6月，大熊猫香香在日本东京上野动物园正式和游客见面，这也是上野动物园时隔29年后，再次展出新出生的熊猫宝宝。同年12月19日，在中国外交部例行记者会上，一名日本记者用英语询问中国外交部发言人华春莹，对于大熊猫香香在东京上野动物园公开亮相的评价时，

熊猫频道

由于英文发音问题，华春莹将大熊猫"香香"听成了日本外务省事务次官"杉山"的名字。经身边记者提醒后，华春莹随即露出了一个灿烂的笑容，现场传出了轻松的笑声。引发这次小误会的大熊猫让日本民众为之疯狂，参观者进入动物园前需要参加抽奖，只有获奖的幸运观众才能进入上野动物园的熊猫馆先睹为快。据媒体报道，对公众开放参观的第一日，第一个见到香香的是一名 50 岁的日本大叔增井贵道（Takamichi Masui），他表示自己在动物园开门前已经排队超过 3 个小时。他说："熊猫是当之无愧的动物园之王。"

多年来，熊猫频道精耕精彩故事和活动，不断创造大熊猫与全球粉丝之间的趣味"邂逅"，给海内外网友带去无限欢乐。不仅如此，不少海外网友还反向为熊猫频道提供海外大熊猫的资讯和内容，甚至不远万里来中国探访大熊猫，形成非常友好的可持续互动。弗兰克是美国新奥尔良的一名大学生，他对熊猫十分痴迷，浏览了很多熊猫视频短片。在他眼中，熊猫行动缓慢，面部表情呆萌，它们所做的每个动作都充满了喜剧效果。"以后有机会，我一定会到中国，亲眼看看这些熊猫。"

国宝大熊猫的精彩故事每天都在上演，熊猫频道运用自身平台，以"润物细无声"的方式讲述熊猫故事，传播中国文化，向全世界传递来自中国的快乐和友爱，成为海内外"民心相通"的一个重要媒介。

东阳木雕：精彩呈现中国气派

黄小明
木雕 代表性传承人
非物质文化遗产 东阳

　　伴随着中国智慧、中国方案逐步影响世界，中国传统雕刻技艺也以其独特的艺术形态进入国际视线，登上国际媒体头条，精彩演绎"中国气派"。作为多次主场外交主会场装饰东阳木雕的主设计，我曾深度参与二十国集团领导人第十一次峰会（G20杭州峰会）、上海合作组织成员国元首理事会第十八次会议（上合组织青岛峰会）等国际会议，而东阳木雕这个来自我家乡浙江省东阳市的传统艺术，借助中国主场外交，向世界展现了中华文化的独特魅力，成为中华文化国际传播的靓丽名片。

　　2018年6月，在上合组织青岛峰会主会场的东阳木雕装饰任务中，我遇到了巨大的挑战：如何将木雕艺术与新时代国家领导人治国理政的新理念、新思想、新战略有机融合？经过反复研究思考，我决定从地方特色景观、地域文化、地域历史中寻找此次创作的艺术内核和创意元素。比如，上合组织青岛峰会的举办地在山东，是儒家文化发源地。峰会主会场坐落在青岛奥帆基地"泰山厅"，泰山是"五岳"之首。儒家经典著作、各朝代治国理念、诗词歌赋、地形地貌……一个用山水木雕诠释国家领导人引用儒家治国理政名言的想法在我脑海中逐渐鲜活起来，24幅山水木雕、12幅牡丹艺术木雕和1幅巨型东阳木雕挂屏的模样逐步成型，最终张挂在主会场墙壁上。其中，以国花牡丹作为主题，双幅合一的主会场背景主题木雕，不仅寓意中国兴旺发达、繁荣富强，更体现了上合组织各成员国之间开放包容、合作共赢的"上合精神"，受到了与会各国领导的高度肯定。这次充满艰辛探索的创作历程，让我的身心受到深刻洗礼，也增强了我采用东阳木雕诠释重大政治主题的信心。

东阳木雕始于唐朝。到元朝、明朝，东阳木雕已成为中国雕刻艺术的重要组成部分。这一艺术形式取材广泛、内容丰富，包括山水人物、飞禽走兽、花草树木，凡是可以用绘画表现的题材和内容，基本都可以用木雕表现，其艺术表现力极强，因此也十分易于传承。

我与雕刻艺术的缘分来源于父亲的培养。16岁时，根据父亲的期望与建议，我进入东阳木雕厂学习木雕，师从亚太手工艺大师冯文土先生。在学习过程中，我发现木雕艺术乐趣无穷，因为东阳木雕讲究故事性、画面感。从那时起，我开始自学绘画，自觉地将艺术理论融入技艺创作实践中。随着年龄的增长，我越来越感到理论修养和艺术修养对创作的重要性，便考入浙江工艺美术学校（今中国

美术学院）进行深造，进一步学习木雕、绘画、设计、摄影等专业知识，这使我的创作从理论上有了一次大的提升。现在想来，这段专业学习经历对我的创作可谓弥足珍贵。

从美术学校毕业后，我继续回到厂里从事木雕艺术创作，并在东阳木雕技校任教。后来，我又去往东阳木雕总厂研究所，专门进行设计绘画工作。结合摄影、绘画、构图、色彩、雕刻等多种理论知识与技能，我不断探索木雕这一传统文化的传承与创新。

行走改变命运，眼界决定世界。从中国的南方小城到西北边陲，从东方古国到"地球冷库"南极岛，我到过全球很多国家和地区。旅行不仅能发现美、欣赏美，还为创造美提供了丰富的营养，激发了我创作的激情与灵感。在旅程结束后，我将旅途中发现的美以及激发的创意，以东阳木雕形式表现出来，打造出一件件独一无二的木雕作品。

"龙椅"是我的作品之一。"龙椅"的制作工艺十分复杂，融雕艺、木艺、漆艺于一体。在四十不惑之年，我用木雕复制了北京故宫皇极殿乾隆宝座（即"龙椅"）。为了重现"皇家风范"，我三次前往北京故宫博物院参观文物真品，最后花了整整两年时间才完成这个作品。故宫博物院专家看后，赞赏它"达成了精美绝伦、耐人品鉴与赏读的效果，是东阳木雕史上具有里程碑意义的精品"。"中国工艺美术大师""非物质文化遗产'东阳木雕'代表性传承人"等众多荣誉也随之而来。

为了更好地传承弘扬东阳木雕艺术，我在家里建立工作室，并使它成为木雕艺术馆。

人们常常询问，如何能成为中国工艺美术大师？对我而言，成为大师并非刻意之举，如果说有什么秘诀的话，那就是勤奋与刻苦。除此之外，更重要的就是对生活的感悟，对艺术的探索，以及将艺术与生活完美融合的创造力。对于传统的、现代的甚至后现代的艺术元素，我都以开放的心态去接触、了解，并运用到艺术创作中。我想，这是一位艺术从业者必须保持的基本状态。

在艺术创作中，我深深感受到传统木雕形式对意象的

表现已远远落后于当前社会发展与受众审美的需求。我们这些当代匠人或艺术家已经站在了巨人的肩膀上，这既是优势也是压力。因为，如果只有传承，而没有创新，传统就是不流之水；而脱离传统，创新就是无根之木。我们这一代人应该做的就是承上启下。既不能丢了传统，要把传统中精髓的部分传承下来，又要在传统的基础上进行创新，融合现代美学元素，创作出更加符合时代发展要求的作品。工匠精神不仅仅是技艺上的执着与精益求精，还要有艺术形式、艺术内容、宣传推广上的执着与创新。

我认为，要创作出能够传世的艺术作品，需满足几个条件：第一，作品设计构图要有意境，要有哲学或美学的高度；第二，作品要体现准确精巧的艺术手法，达到精湛的高度；第三，作品主题要贴近生活，能够引发观赏者的情感共鸣，体现时代特色；第四，作品形式要在传统基础上有所创新，让人耳目一新。

除了不断创作出更多具有创新性的木雕作品外，我也希望自己在传承东阳木雕技艺方面略尽微薄之力，希望有更多的年轻人参与到东阳木雕艺术的学习与创作中。如在线上举办"大师招徒"活动，将互联网传播模式引入传统手工艺领域，突破传统技艺传承中的空间限制。这次活动全国各地报名者甚多，最终被招为徒弟的有北大毕业的研究生，有从事摄影的艺术家，还有希望在东阳木雕领域寻求更大突破的木雕从业者。只要能帮助年轻人学习木雕技术、发扬木雕文化，我都乐此不疲。我也希望这些年轻的学习者，能发现、欣赏东阳木雕的艺术之美，能创作出更多体现中国气派的艺术作品。

互联网＋文化，不一样的繁荣创新

高寓鹏
中国移动通信研究院
用户与市场所研究员

如果说科技是一个国家的身躯，那么文化就是这个国家的思想和灵魂，二者相辅相成缺一不可。没有科技的发展，一个国家乃至全人类都将会"止步不前"，而没有文化的积淀与传承，人们的生活将变得枯燥且毫无趣味，也会失去意义。因为，"仅凭知识和技巧并不能给人类的生活带来尊严和幸福"。

当前，世界互联网科技高度发达，中国在全球互联网领域居于领先地位，不仅拥有跻身全球的巨型互联网企业，而且不断创新，源源不断涌现出更多互联网新技术、新业务、新企业、新"独角兽"。互联网技术的快速推广与应用、互联网产业的繁荣发展，也为文化产业的繁荣发展插上了科技的翅膀，为人民群众对更美好生活的向往提供了强大的技术支撑。

互联网快速传播夯实文化繁荣技术基础

　　"有朋自远方来，不亦乐乎！""咚咚咚——"伴随着铿锵有力的呐喊声与击鼓声，2008 年第 29 届奥运会在北京正式开幕。这是一次世界奥林匹克精神文化与中国历史、中国文化的交流、碰撞与融合，也是一场科技与文化交相融合的盛宴。这场伟大的体育盛会能够向全球观众顺利传播，离不开高清直播系统、照明系统、空调系统、信息传播系统等各种高新技术的支撑。通过先进的广播电视

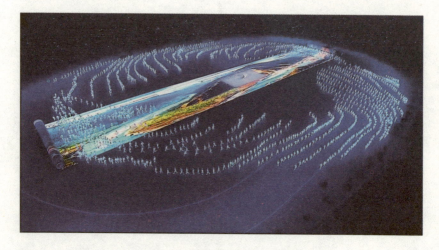

系统，中国向全世界呈现了一场高科技的体育赛事和文化盛宴。

今天的中国，科技发展取得了更加长足的进步，为艺术的繁荣发展提供了更强大的技术支撑和保障。

随着网络基础设施建设在全国范围内的高速普及，中国互联网各领域发展更是日新月异、一日千里。随着贫困地区网络基础设施"最后一公里"逐步打通，"数字鸿沟"加快弥合；移动流量资费大幅下降，跨省"漫游"成为历史，居民入网门槛进一步降低，信息交流效率得到提升。这些数字背后是中国三大通信运营商的持续付出。在很多偏远地区，基站的建设和投入成本非常高，而收入微乎其微，但这就是国企之责任，这就是中国，只要涉及的是中国人民的生活权益，都是大事。截至 2018 年，全球已建设超过 500 万座 4G 基站，而中国则占据其中三分之二，4G 在中国的覆盖率超过 95%，覆盖 99% 的人群，遥遥领先于其他国家。

中国互联网络信息中心（CNNIC）发布的第 43 次《中国互联网络发展状况统计报告》显示，截至 2018 年年底，中国网民规模达 8.29 亿，手机网民规模达 8.17 亿，网民通过手机接入互联网的比例高达 98.6%。互联网的飞速发展，推动了文化的传播，为文化产业繁荣发展提供了网络支撑，为文化艺术创新提供了技术手段。基于网络的文化，实现了快速、大规模传播，更好地满足了人民群众对多样化、个性化的精神文化生活的消费需求。如电影、电视剧及各种艺术表演等，都通过互联网实现了广泛的传播。

互联网使文化超越时间与空间

文化，往往因其时间性、地域性、人文性而具有独特的价值。但独特的时空性也在某种程度上制约了文化的传播。如今，越来越多的历史人文遗产正通过互联网以更加开放、自由的形式，向世界展示自己。由中国文物信息咨询中心牵头组织的"博物中国"项目，汇聚了全国 1800 多家博物馆的数据资源，让人们足不出户便可以欣赏到中国各地的传统历史和文化。

近年来，"互联网 + 文化"让故宫变"活"了，变"火"了。一座没有"围墙"的故宫正向人们敞开大门。自 2013 年开始，故宫借助互联网平台，创新管理和运作模式，让越来越多来自世界各地的人认识故宫，了解其背后的中国优秀传统文化。北京中轴线上"高冷范儿"的故宫变得活泼可爱，并走进普通百姓的日常生活中。如，故宫博物院陆续上线"每日故宫""韩熙载夜宴图""紫禁城 600"等多款应用程序，让广大网民"融合学术、艺术、科技，贯通视觉、听觉、触觉"，

从不同维度、不同深度了解中国悠久的历史和璀璨辉煌的文化。数千种融合了适用性、趣味性、互动性、时尚性的口红、箱包、折扇等"萌系"爆款文创商品诞生，最大化地激发了人们对传统文化的兴趣，促进了传统文化的传播与创新。《我在故宫修文物》《上新了·故宫》《国家宝藏》等电视节目通过互联网广泛传播，不仅在用户中引起积极热烈的反响，更带动了文化类综艺成为主流节目类型之一，越来越多的国人开始关注历史。

互联网助推文化业态和服务创新

互联互通的互联网是连接世界的便捷工具，为文化创新提供了无限可能。有了开放的互联网渠道，就有了用户，有了市场，更有了源源不断的发展动力。随着 4G 网络的普及，中国数字文化产业发展迅速，在"互联网＋"驱动下，涌现出新一代动漫、游戏、视频、直播、虚拟现实、增强现实等新兴文化形态，中国文化产业规模不断扩大，从产业链到价值链不断优化升级。截至 2018 年 12 月，中国网络视频、网络音乐和网络游戏的用户规模分别为 6.12 亿、5.76 亿和 4.84 亿。随着竞争的加剧以及技术的进步，

各大网络视听平台不断加强原创节目内容生产，并逐步提升节目品质，涌现出一批精品节目，如《长安十二时辰》等。网络音乐企业版权合作不断加深，数字音乐版权的正版化进程显著加快，市场成熟度逐渐提高，内容生产的专业度与垂直细分不断加深，优质内容成为各平台的核心竞争力。2019年7月26日上映的动画电影《哪吒之魔童降世》，基于原有中国文化而进行新创作，制作团队赋予了它更多当下的元素、展现形式、精神和内涵，票房突破了43亿元人民币，打破多项动画电影纪录。这一成绩的取得，也离不开互联网技术的支持，包括在线售票、在线推广营销、社交化传播等。

互联网助力文化与生活融合

互联网改变了传统的垂直化社会信息结构，重新定义了人、环境、时间、渠道、内容等元素之间的关系，形成了一个动态的、相互衍射的信息网络、人文网络和社会网络。社会的互联网化也极大地拉近了人与文化之间的距离。

互联网打破了时空的隔阂，也将每个个体的生活通过社交网络穿插交融在一起。2018年，中国影音播放类视频业务爆发式发展，用户数量井喷式增长，头部企业用户规模超过 5 亿人。不仅仅是年轻人，就连许多中老年用户，也都在刷"抖音""快手"，看直播，晒朋友圈，刷微博。大家通过互联网分享自己的生活和文化，随时随地交流，在网上、线下享受各种互联网服务和文化体验，实现生活与互联网的高度融合。

除了看视频、玩社交，互联网产品中还有一个重量级产品——游戏。在中国，游戏已经不仅仅是纯粹的娱乐产品。无论是用户还是互联网公司，都越来越多地注重游戏的文化内涵和价值观，而只有具备丰富文化内涵和正能量价值观的游戏产品才能拥有强大的生命力。越来越多的中国游戏，将国画、舞蹈、剪纸、汉字、传统节日、家具等文化形态，以一种更加契合这个时代的，更加轻松、趣味化的方式呈现给来自世界各地的游戏用户，并受到人们的喜爱。例如，拥有众多拥趸的游戏《王者荣耀》，一直在努力探索与传统文化的融合。它通过对历史人物的立体化塑造，将中国的昆曲、京剧、川剧变脸、敦煌艺术等元素融入游戏设计中，在用户中引起了积极的反响和共鸣。

文化是人们生活的一部分。在中国进入新时代、5G 技术即将商用的条件下，每时每刻都会涌现出大量新的文化业态。人工智能、虚拟现实、云计算、智慧家庭、物联网、车联网等领域将更大程度地创新人们的文化生活，人类将会向更新的境界拓展，世界将变得更复杂、更丰富、更多彩。

太极拳荣耀海外

张长念

非物质文化遗产"忽雷太极拳"代表性传承人

2017 年年底，我前往美国耶鲁大学进行为期一年的访学。访学期间的合作导师是认知神经科学著名学者维克斯勒·布鲁斯（Wexler Bruce）教授。布鲁斯教授主要研究认知功能促进，特别是体育运动对于人的认知功能的促进。通过文献研究，布鲁斯教授发现，中国太极拳对认知功能的促进尤具功效。于是，他逐步明确以太极拳作为干预认知手段的实验研究方向。为此，他需要找到合适的合作者。合作者不仅需要具有太极拳的运动技术水平和教学能力，还需要能够用英语进行交流沟通。最后，布鲁斯教授通过一位同事找到了我，而我也正在计划出国进行访学，我和他便"一拍即合"。

在合作研究当中，我的主要工作是通过太极拳对受试者进行实验干预。研究伊始，布鲁斯教授让我撰写一篇关于太极拳促进认知功能研究的文献综述，经过查阅大量文献，我惊奇地发现，国外特别是美国对太极拳促进健康的研究之深厚，远非我们这个太极拳故乡——中国可比。美国科学家发表在国际著名期刊的相关论文比比皆是。如，2012年国际著名的《新英格兰杂志》刊发了一篇关于太极拳促进帕金森病人康复的研究报告，引起世界相关研究学者的关注。哈佛大学更是建立了一个专门研究太极拳、健身气功等传统体育养生手段促进健康的研究中心，频频有研究成果面世。

　　布鲁斯教授对太极拳作为促进认知干预手段的研究非常用心，着力甚多。他在惠特尼中心对老年人开展了实验项目，在康州心理健康中心、纽黑文伊斯兰中心分别开展针对心理疾病病人和叙利亚难民慢性疼痛患者的研究。惠特尼中心是一家老年人养老机构（中国俗称"老人院"，美国基本上统称为"生活照料社区"，即 Life Care Community）。美国的养老机构非常普遍，而且设施、服务都比较完备。惠特尼中心拥有一流的硬件设施，在服务、管理和居民文化活动方面也具有独特优势。这与其中大多数居民是耶鲁大学或其他科研机构的退休者有关，他们的文化素养普遍明显高于其他同类机构的居民。我们的到来让这里的老人和管理者们都非常兴奋。他们说，美国的老人院一般都有健身活动设施及指导教练，但只有比较高档的老人院才会教授太极拳。尽管我是个年轻老师，但老人们仍然非常恭敬、认真地学习和练习，每次下课后都围着

我交流练习心得，并咨询练习方法。

　　访学初期，在威克斯勒教授的介绍下，我还有幸认识并拜访了著名华裔刑侦专家、纽黑文大学教授李昌钰博士。在与他交流沟通的过程中，我不仅了解了中国武术在康州地区传播的总体情况，还聆听了他不为人知的武术经历。时值中国农历新年，纽黑文大学举办华人学者学生联欢会，李昌钰教授作为主要倡导人，盛情邀请我在联谊会上表演太极拳。表演时，我又结识了当地的一家华人演艺团体"康州凤凰艺术团"，他们邀请我在春节期间前往康州十多家学校、老人院、图书馆等场所介绍与表演太极拳。表演所到之处，我深深感受到当地人对中国太极拳的青睐和热爱。

　　一天，惠特尼中心一位名叫凯特的老太太一脸严肃地告诉我："您应该被邀请参加耶鲁大学的世界太极拳日表演！"原来，她认为我的太极拳水平比其他受邀者要高得多，所以设法让组织方邀请我去表演。凯特太太通过朋友联系到了组织方，我顺利得到组织机构的邀请。

2018 年 4 月 28 日，耶鲁大学雅礼协会（Yale-China Association）联合耶鲁国际中心、东亚系、多元化包容性办公室、职业女性联合会等多部门，以及康州各地的太极拳馆、培训班共同举办了第一届"耶鲁世界太极拳日"活动 (World Tai Chi Day at Yale Event)。活动在耶鲁校内亨利·露西大厅（Henry R.Luce Hall）前的绿地举行，包括耶鲁大学师生在内的数百名太极拳爱好者汇聚一堂，在短短一天内奉献了一场精彩纷呈的太极拳演示与教练盛会。

活动开始，会议的组织者之一、当地著名太极拳馆"爱萍太极中心"负责人兼耶鲁大学工作人员雪莉·乔克（Shirley Chock）致开幕词，她在致辞中说："太极拳是中国传统文化的重要组成部分，而耶鲁大学有着长期习练太极的优良传统。多年来，可以在校园、城市街道、公园乃至课堂上见到太极拳习练者的身影，这就是为什么雅礼协会和我

们会组织这样一个活动。我们邀请本地所有的太极拳教师与爱好者在一起交流分享，并在一起展示太极，展示中华文化。太极中很多东西我们并不了解，'太极'两字又是那么的博大精深，这就是我们为什么让如此多样化的习练者参与其中，传播我们本地太极拳文化的原因。"

活动主要由太极表演和技术讲练两部分组成。其中，太极表演部分由康州各地拳馆、太极班的教员与爱好者同台献艺。表演者们不仅肤色各异、背景不同，而且年龄跨度也很大，从学龄前儿童到耄耋老人，都充分展现了平日所学所练。表演项目不仅有杨式、陈式、郑子、混元与忽雷太极各家套路，还有太极剑、太极刀、太极功夫扇等器械表演。活动的参与者表演内容丰富、表演形态多元化，让人不得不感叹太极在世界范围内所受欢迎程度之深厚，影响范围之广大。

太极表演环节中，我带领着惠特尼中心的老人和耶鲁大学的几位博士后，展示了松活弹抖的太极拳"十二功法"，及其在技击推手中的实际运用，他们只训练了不到两个月时间。太极拳的实用性让爱好者们产生了极大的兴趣。

在技术讲练中，现场演示和亲身体验极大地激发了大家的学习兴趣，许多爱好者和教员都参与了我的"十二功法"太极拳学习。讲座之后，他们还跟我讨论拳理并切磋太极散推技术，大家都依依不舍。耶鲁大学的研究人员多萝西·贝克（Dorothy Baker）博士还在学术讲座中报告了太极拳对预防老年人跌倒的相关研究成果，从科学的角度阐释太极拳与健康息息相关这一理念。

在优美的旋律中，爱好者们共同演练了"简化二十四式太极拳"，为大会画上了一个圆满的句号。

一整天的活动不仅让广大太极爱好者进行了交流，取得了进步，更让好奇的外国人亲身感受到了太极拳的魅力。活动后，主要承办者康州爱萍太极中心还邀请我为他们的教练和高级学员进行太极"十二功法"和推手授课。

这样一场文化盛事，展现出外国人对中华优秀传统文化的热忱，以及不同民族文化之间的融通互鉴，其意义已远远超越了活动本身。5月23日，受耶鲁大学博士后协会（Yale Postdoctoral Association）邀请，我为耶鲁大学博士后及康州部分太极拳教师作了题为"太极拳的传统修习和现代训练"（*The Historical and Modern Training of Tai Chi*）的演讲，并进行了太极拳"十二功法"入门教学，这是耶鲁博士后协会组织的"世界武术文化系列讲座"中的首场活动。耶鲁大学博士后协会主席纳迪亚博士（Dr. Nadia）、德拉戈米尔博士（Dr. Dragomir），率领数十位耶鲁大学博士后，以及来自康州部分太极拳传习机构的多名太极拳教师，兴味盎然地聆听了讲座，并体验了太极拳的运动特点。

9月23日，中秋佳节来临之际，我又受邀参加耶鲁大学品牌文化活动"多元文化节"（Multicultural Block Party）活动，进行太极拳表演和研讨教学。本届活动在耶鲁大学神学院大院（Yale Divinity School Court Yard）举行。

活动当天，全球各地文化争奇斗艳、异彩纷呈，大家竞相在这一世界名校展现本民族的独特文化精髓与内涵。中华文化成为整场活动无可争议的主角，因为在综合文艺演出中，不仅有中国的民族舞蹈、民族歌曲、武术功夫，更为太极拳设置了专场。由于节目众多，每个演出团体的表演时间都非常短暂且控制严格，一般几分钟一个节目，不能超时分毫。在这样的情况下，活动仍给予太极拳二十多分钟的专场表演，可见人们多年来已形成对太极拳的期许和热爱。

在这次多元文化节活动中，我认识了爱德华博士——一家私立医院的院长。因职业及工作劳累等问题，他长期腰椎疼痛。经过几个太极拳功法动作的练习，缓解作用立竿见影。他非常激动，立刻开始在耶鲁体育馆进行训练。由于他精通解剖学、生理学，在习练的过程中使用西医的专业术语、专业知识体系，为我阐释太极拳"十二功法"的运动机理和动作要领，让我受益匪浅。我们相约，一起用解剖生理学专业术语将"太极十二功法体系"写成英文书，更便于让医学界、康复学界的学者了解和认识太极拳，进而让太极拳在英语世界得到更好的宣介和推广。

太极拳在美国的"荣耀"，体现在人们的健身行动中，体现在随处可见的张贴着太极培训班招生广告的公告栏里，体现在占据报纸一整个版面的销售太极拳教学的书籍和光碟的广告里，体现在耶鲁大学图书馆里的一本本太极拳英文著作中……

在这个大洋彼岸的国度，太极拳是一种绝佳的健身术、一种智慧的防身法，也是一种神秘深邃的东方哲学、一种行云流水的身体仪式。

纪录片中的国粹：京剧艺术的
传承与创新

张延利 中国纪录片网负责人

京剧是中国五大戏曲剧种之一，是积淀了中华民族审美习惯和文化传统的艺术瑰宝，已成为中国文化的标志性元素，是中国国粹。京剧独特的表演形式和艺术魅力受到世界各国人民的欢迎和喜爱，是向世界传播中国传统文化、展示中国审美和艺术风格的重要媒介。2010 年 11 月 16 日，京剧被联合国列入"世界非物质文化遗产代表作名录"。

京剧是各类影像媒介最重要的表现题材和领域。各类影视节目形态对京剧的叙说、表现可谓比比皆是。中国最早的一部电影《定军山》，讲述的就是京剧故事。

纪录片作为纪实类影像节目，在表达和呈现京剧主题与内容时，具有独特的艺术魅力与文化艺术价值：记录京剧艺术在历史洪流中的坚守与嬗变；记录京剧艺术家们在历史变革中的艰苦探索与艺术荣光；记录京剧艺术在传统与现代的对话中、东西方文化交流碰撞中的创新与发展。

纪录片产业的繁荣发展，推动纪录片创作生产类型题材不断创新、不断丰富。京剧作为重要艺术类别，成为当前纪录片生产创作的重要题材类型。近年来，涌现出一大批京剧题材的纪录片作品。其中，既有专注于京剧的历史大型纪录片《粉墨春秋》，也有将京剧作为独特文化符号展现中国形象的纪录片《这里是中国》；既有讲述中国当代年轻人追逐京剧梦的《裘继戎·我们必须知道自己的祖先是谁》，也有记录"洋人"追逐京剧梦的《洋美猴王》，可谓纵横交织，全面展示

了京剧艺术的独特魅力。

2005年，26集大型纪录片《粉墨春秋》登录央视纪录频道。该片是国内首部反映京剧艺术的纪录片，展现了自徽班进京以来京剧与人民生活的密切关系，跨度近200年。该片以京剧作为贯穿全片的线索，将改朝换代、战乱灾害以及各种政治风云串联成一部生活史，播出后广受好评。

2013年，首部全景描述京剧发展史的纪录片《京剧》在央视纪录频道播出。该片制作精美，一经播出便大受欢迎，创下收视高峰，并进行了二轮播出，显示出《京剧》纪录片以及京剧艺术自身的强大吸引力。

2014年，李汝建导演的纪录片《京剧·八答仓》，从"第三人称"视角出发，以大连京剧院的所见所闻为叙述线索，通过纪录京剧演员的排练和演出过程，讲述演员们从事京剧艺术表演的故事，以及他们在艰难的生活中坚守和传承京剧传统文化的感人故事。纪录片不仅弘扬了京剧艺术家们积极向上的人生态度和价值取向，而且展示出京剧艺术的独特魅力。

2016 年，由中国国际广播电台、俄罗斯 RT 电视台和北京中视雅韵文化传播中心联袂打造的纪录片《这里是中国》，以第三方视角传播中国文化，突破文化壁垒，挖掘外国友人感兴趣的包括京剧在内的中国文化，在俄罗斯的开播引起了中俄 40 多家主流媒体的广泛关注。这部纪录片对中国文化做了更深更广的挖掘，是讲好中国故事、传播好中国声音的典范，向世界展示了一个真实、立体、全面的中国。

　　2017 年，著名纪录片导演周兵担任总导演的纪录片《百年巨匠·梅兰芳》，生动讲述了京剧表演艺术家梅兰芳的传奇故事。"所谓'巨匠'，当时代选择他的时候，他已是一身玲珑！"这句旁白意蕴深长，不仅是对"一代大师"梅兰芳艺术人生的最佳注脚，而且深刻体现了艺术的真谛——人与京剧艺术或任何一种艺术形式的共生、对话，永远也离不开特定的时代。也就是说，伟大的艺术家在练就一身过硬的艺术本领之外，更需要在时代大潮中展现超越自我的精神追求，要与时代同频共振，要响应时代呼唤，要在他的艺术中体现出时代精神。

　　福建电视台制作的纪录片《裘继戎·我们必须知道自己

的祖先是谁》中，主角裴继戎被视作梨园"叛徒"，因为他尝试将传统京剧艺术与现代舞结合，积极探索京剧艺术的无数种可能性。通过描写这样一位个性十足的年轻艺术家，纪录片启发人们对传统艺术如何吸引更多年轻人参与、继承、弘扬进行思考，表现了现代京剧传承人从传统京剧艺术中汲取营养，并向现代年轻人传播传承传统文化的责任担当。

纪录片《洋美猴王》则通过外国人之口讲述京剧故事，让京剧传播到全球，成为外国人听得明白、看得懂的艺术故事。纪录片记录了英国人格发 1994 年只身来到中国学习京剧的历程，其中既表现了 32 岁的格发和十几岁的孩子一起练习基本功的场景，也展示了他初来乍到时住所里摆着的各种京剧道具，以及他苦尽甘来终获机会尝试用英语表演京剧《大闹天宫》的感人情节。纪录片通过讲述一个英国人追逐"京剧梦"的故事，展示了京剧在文化交流、文明互鉴中的重要意义，让人们重新发现京剧在国际传播中的巨大艺术魅力。

可以看到，在这些以"京剧"作为叙事题材的片目中，纪录片不仅记录、保存、传承、传播京剧艺术，也为京剧这门传统艺术塑像立传，尤其是弘扬了几代艺术家对京剧艺术的坚守与传承的高度艺术自觉。

今天的中国，文化艺术门类众多、争奇斗艳，作为国粹的京剧艺术仍具有强大的生命力，但也需要与其历史上最繁荣时期一样，要回应时代精神，要以人民为中心，不断推陈出新，达到新的艺术高峰；同时也要积极面向世界，与世界各国不同文明进行交流互鉴，实现各美其美、美美与共！

重庆：一座"网红"城市

朱新梅

国家广播电视总局发展
研究中心国际所副所长

重庆在中国是一座特殊的城市，因山峦延绵而被称作山城，其中心城区为长江、嘉陵江所环抱，各类建筑依山傍水、鳞次栉比、错落有致，并由此发展出独特的建筑文化和交通设施，经短视频平台抖音的广泛传播，成为中国的"网红"城市。世界旅游及旅行理事会（WTTC）2017年10月发布的城市旅游影响数据显示，重庆位列"全球发展最快的10个旅游城市"榜首。

2018年，一个介绍重庆城市的视频突然在优兔网（YouTube）上走红，让重庆的旅游搜索指数仅次于北京故宫。有外国网友表示，中国"隐藏"了一座世界级的都市，自己此生必访重庆。此外，重庆有很多独特的地方，如问路不分东西南北,只分上下左右,开车有导航也不敢随便走,这在全球也难得另寻。

"重庆是一座充满魔幻色彩的山城",特别是洪崖洞。它是重庆独特历史文化和建筑文化的见证和象征,也是动漫《我是江小白》《重神机潘多拉》的取景地。洪崖洞以其最具巴渝传统建筑特色的栏式建筑吊脚楼而引人注目。这些吊脚楼随坡就势依山而建,房屋构架简单,开间灵活、形无定式,通过分层筑台、吊脚、错叠、临崖等山地建筑手法,上部围成实体,彼此相连形成线性道路空间,下部架空,构成别具一格的立体式空中步行街,可谓现实版的"千与千寻",被网友称为中国版的"天空之城"。现在,

洪崖洞已成为"网红"打卡景点，常常人满为患。

"网上说重庆没有东南西北，只有上下左右，这一次我真的信了。"来自东北的小李完全被重庆的交通搞晕，"且不说重庆南北广场和南北车站那么绕的地名，就是在洪崖洞导航都不灵了，明明离目的地只有300米，却跟着导航走了20分钟，让人哭笑不得。"重庆的地形在某种程度上可谓"奇"和"怪"。重庆的地图是十分独特的立体地图，衡量地图上两座毗邻建筑或机构的距离，不是横向的距离，而是纵向的高度距离，不熟悉的游客可能要花几块钱在地面上坐出租车从一个建筑到另一个建筑，但是如果熟悉地形，可能坐电梯就到了。

初到重庆的游客经常会被高低不同、立体交叉融合在一起的居民楼、公路、轻轨、商场搞得晕头转向，分不清东西南北、空中与平地。比如，从轻轨出去的公路，下去3层可能是一个居民楼的5楼，从这个居民楼的5楼再下去15层，可能就是一条公路，从公路再下去5层，则是一座商场的地下1层！有时，人们以为自己在平地，其实是

在 28 楼的高空！"你无法想象，相对左边的马路而言，所处的位置是 1 楼，但相对另一条马路而言，你所处的位置可能是 7 楼。在上海待了快 30 年，我觉得这是一件神奇的事情。"飞机飞到重庆上空时，晓晓才真的感受到这座建在山间的城市的魅力。

重庆的交通也别具一格。初来重庆的人会惊奇地发现，轻轨从高层居民楼房穿越而过。重庆轨道交通 2 号线是中国第一条跨座式单轨，也是中国西部地区第一条城市轨道交通线路，因其列车在李子坝站穿楼而过闻名全球。李子坝站点 2014 年建成并投入使用。与其他站点不同，李子坝站点的乘车入口离地面入口的高度超过 90 米，有 30 层楼那么高，从入口进去后，需要乘坐多部电梯才能到达乘车点。因为这里夏天很凉快，很多住在周边的居民经常到这个站点乘凉。

在中国的微信朋友圈里，很多人都在转发一个短视频：重庆轻轨 2 号线李子坝车站下方，站了一排背着大包小包的人，举着手机、打开镜头，拍下轻轨穿楼而过的一瞬间……因为画面严肃而整齐，让对轻轨习以为常的重庆人乐开了花。不过，4.1 万的点赞数足以说明"网红"轻轨的魅力，3800 条评论让李子坝站不想成为"网红"都难。重庆网友在欢迎各地网友的同时，也不忘搞笑："七八月的时候,你们再来重庆,能站在下面拍上一个小时，我就服气！"

"我们来这儿也就 147 公里，旁边有两位韩国友人也不远万里专程来拍。"这是网友刘贤闲一条被点赞 52.8 万次的视频中介绍的,内容同样是重庆的轻轨 2 号线。他是专程从遂宁到重庆旅游的,除了特别来重庆"打卡"了李子坝"穿楼轻轨"之外,同时还去了洪崖洞,拍了夜景。重庆商报一篇专门写重庆地域特色的文章《为重庆疯狂打卡 外国人也来拍视频》中详细介绍了重庆成为"网红"的来龙去脉。

这些穿楼而过的轻轨,并不会给居民造成巨大的噪音污染,影响他们的生活。因为,"站桥分离"的建筑结构,即轨道车站桥梁与商住楼结构支撑体系分开设置,有效解决了站、桥两者结构传力及震动问题,就算轻轨从楼房中间呼啸而过,也不会对楼房造成影响。同时,轻轨还采用低噪音、低震动的充气橡胶轮胎和空气弹簧支撑车体,最大限度减小列车行驶带来的震动和噪音。实际上,轻轨在运行时发出的噪音,比汽车行驶在路面的声音还要小。

除了轻轨交通,美食也是重庆成为"网红"城市的必备因素,重庆火锅、重庆小面、各类小吃……纪录片《嘿!小面》让观众看得直流口水,电影《火锅英雄》里红油翻腾的九宫格让人心向往之,毛肚、鸭肠、鸭血与姜蒜碰撞出的鲜香麻辣十分诱人。"来到重庆,才发现重庆人对火锅是真爱,三五步就能看见一家火锅店,小吃店也遍布大街小巷,我会考虑找工作签约来重庆。"小李将一块凉糕放进嘴里,笑呵呵地说。

近年来,重庆积极参与"一带一路"建设,在"一带一路"沿线国家的友好城市达到 14 个,国际进出口贸易日渐繁荣。2018 年 11 月 18 日,中欧班列(重庆)"德国曼海姆港—重庆果园港"首个班列搭载着汽车零配件等货物抵达重庆果园港。2019 年 3 月 12 日，一列满载货物的中欧班列（重庆）从重庆果园港铁路专用线驶出，沿着"陆海贸易新通道"直通广西钦州港，随车商品将陆续走进东盟各国。这标志着重庆果园港作为中国最大的内河水、铁、公综合交通枢纽港，将逐渐成为一座重要的国际物流枢纽：向东，通过长江黄金水道连接太平洋，可达世界 200 多个国家和地区；向西，经兰渝铁路，通过中欧班列（重庆）可达中亚、欧洲；向南，通过中新互联互通陆海贸易新通道国际班列连接印度洋，可达东盟、南亚。目前，重庆正在加快构建贯通"一带一路"的出海出境大通道，推动铁海联运、国际铁路联运和跨境公路运输常态化运行，已建成国际贸易"单一窗口"并实现关区全覆盖，实现 7×24 小时通关常态化，整体通关时间压缩 50% 以上，极大地促进了重庆与沿线国家和地区的经贸往来。近年来，重庆在沿线国家和地区进出口规模均保持在 1100 亿元人民币以上，从一座典型的内陆城市一跃成为对外开放的前沿城市。

03

视角

什么是中国？什么代表中国？傍晚的北京，车流穿梭，行人匆匆，高楼里万家灯火通明，这些中国人忙碌不息的平凡生活与工作场景，会让你感受到一种力量和感动。在这里，新兴行业不断出现，传统行业也焕发新生。无论是紧跟时代浪潮的人，还是醉心于传统的人，都能够在中国找到属于自己的位置，发现属于自己的机会。

看，这里是中国

陈波亚 《这里是中国》总策划

2019 年，纪录片《这里是中国》（第一季）迎来了她的三岁生日。作为中宣部、国务院新闻办"纪录中国"传播工程重点项目和"中俄媒体交流年"的重点项目，《这里是中国》系列纪录片的成功摄制和播出，向俄罗斯人民展示了更加真实、立体、全面的中国形象。

世界需要了解中国，中国同样需要被世界了解。长期以来，由于受政治、历史、文化、语言、意识形态、媒体议程设置等多方面影响，世界各国人民对中国的认识与中国对世界的影响力和贡献存在差异。如何向世界客观展示真实、立体、全面的中国？如何让世界人民真正地理解和认同中国？这是每一位中国媒体人应该思考的问题，也是我们创作纪录片《这里是中国》的宗旨。

　　讲好中国故事，需要解决三个问题：讲什么？讲给谁？如何讲？从确定片名的时候，我们就一直在思索：什么是中国？什么代表中国？傍晚的北京，车流穿梭、行人匆匆，高楼里万家灯火通明，这些中国人忙碌不息的生活与工作场景，会让你感受到一种力量和感动。14亿人，几乎是世界五分之一的人口，用了70年时间，解决了温饱和发展问题，向世界贡献了一个稳定、刚健而富有活力的第二大经济体。这是今天中国对世界的最大贡献。14亿人的生活、14亿人的建设、14亿人的梦想，造就了今天的中国故事，这是中国最真实的风貌。

中国就在这里。于是我们把片名定为《这里是中国》，这个名字平实、直观，有助于国际观众快速准确把握纪录片所要讲的内容。

"这里是中国"，既是介绍，也是邀约。就像在大家的面前打开一扇新的窗户："看，中国就在这里，她有着五千年灿烂文明的厚重，更有走进新时代的豪迈。欢迎，欢迎你来中国。"

把优秀中国传统文化的精神标识提炼出来、展示出来，把优秀传统文化中具有当代价值、世界意义的思想精髓提炼出来、展示出来，是本片的策划思路。我们将本片内容分成两个方面：一个是当代中国，另一个是传统中国。这两个内容不是单独开列，而是有内在联系的。璀璨绚烂的中华文明，延续了几千年，是今日中国迅猛腾飞的深厚滋养，塑造了中国人民锐意进取、勤劳智慧的民族品格。因此，我们在选取诸如京剧、功夫、传统工艺等非物质文化遗产类选题时，坚持"立足中国、挖掘历史、把握当代、关怀人类、面向未来"的创作思路，寻找传统与现代的连接点、中国和世界的连接点来切入主题。

另一方面，如何定义《这里是中国》的"真实"，也是我们要严肃思考的问题。同样的内容呈现在中国人和外国人面前，即使亲眼看到、亲耳听到，都会受语言、文化、政治等种种因素的影响，导致认知上的偏差和不同。因此，寻找拍摄对象里人类共通的情感和诉求，将一个国家和民族寻求复兴奋进的宏大故事，融入人类与自然、国家与时代的大背景中，讲述一个个微观个体的命运故事和动人情感，是我们在创作中解决文化折扣和失真问题的着眼点。在《这里是中国》（第一季）的创作中，中俄双方真诚合作，精心挑选了城市建设、传统手工艺、中国功夫、国粹京剧、拯救国宝熊猫、自主创新等 6 个题目，通过地铁驾驶员、

武术学员、京剧票友、熊猫护理员、新能源试车员等普通人物的故事和梦想，编织成一幅今日中国充满勃勃生机的动人画卷，打动了海外观众的心。仅第一集上线短短 5 天，就收视破亿，取得了骄人的成绩。

我们跟俄方是全链条式的深度合作，是真正的本土化创作，也是贯彻中华文化走出去"借船出海、落地生根"的生动体现。从选题调研、主题设定、人物选择、脚本策划、现场拍摄调度、后期剪辑，以及播出推广和收视反馈分析等各个环节、各个方面，中俄双方都紧密沟通、全程互动。无数次的摄前沟通、无数次的细节碰撞，夹杂着文化隔阂和价值观差异带来的各种小插曲、小争执，但最终都在做好节目、服务好受众的前提下统一起来。长达一年多的精诚合作，让我们彼此结下了深厚的友谊，双方都被彼此的认真、敬业所折服。有时，为了拍好一个普通的大门镜头，俄方摄制组会坚持拍摄十多遍，而中方团队为了保证顺利拍摄，在紧张的拍摄进程中，总是尽最大努力克服各种突发状况，赢得了俄方团队的尊重和信任。

2019 年 6 月 3 日，《这里是中国》（第二季）开播仪式在俄罗斯首都莫斯科举行，现场反复播放着纪录片里中国高铁的画面，嘉宾们纷纷驻足观看、点头称赞。中宣部常务副部长王晓辉表示，这是双方媒体积极响应两国元首号召、深化人文交流合作的实际行动，对进一步增进两国人民相互了解和友谊、推动中俄媒体和人文领域交流合作具有重要意义。

当前是中俄关系最好的时代。中俄两国在国际传播领域有着共同的境遇和诉求，使我们能够互信共赢、协同合作。

俄罗斯 RT 电视台是我们亲密的合作伙伴，是重量级的世界知名媒体，与 CNN、BBC 齐名。这样一个世界级重量媒体，以英、法、西、阿、俄等多种语言，向全球播出推广《这里是中国》，展现中华文化的强大魅力、展示新时代中国人民的精气神，有效提升了中国文化软实力和国际影响力。

如今，《这里是中国》项目进入了第四个年头，中俄摄制组正着手进行第三季的拍摄和第四季的策划，同时也在谋划着更广阔层面的合作。

不忘初心，讲好中国故事。我们相信，我们的纪录片团队有本事讲好中国故事。

创作中的思辨过程

何渊

《这里是中国》总制片人

　　"这里是中国"这个平实、直观的名字，有助于国际观众快速准确把握本片所讲的内容：世界是一个大家庭，"中国"是一名家庭成员。中国虽历史璀璨但也饱经风雨，曾经封闭但如今更加开放自信。我们自豪地把中国展示给世界，我们的谦虚客观想让更多人了解，我们的幸福感来自我们的勤劳和兑现承诺。

　　不过，在当初确定是否叫这个名字的时候，主创团队有些犯难，大家认为这个题目太过宏大宽泛，要想做好这个宏大的叙事主题，并不是一件容易的事。但我们只想做好节目，让更多的观众能够了解当下中国的真实风貌，所以影片内容可以不像片名那样包罗万象，可以采用一种变通的创作思路进行大胆尝试，毕竟本片的主要受众是外国人。这种探索尝试成为《这里是中国》制作模式上的显著特点。

国际传播功能是《这里是中国》与生俱来的属性，尽管中国国内纪录片团队制作水准很高，作品也屡获殊荣。可是在前期调研过程中，作为这个项目的负责人，我不得不考虑怎么才能向外国观众介绍好"中国"这一主题。我们发现，自说自话不是一个好的讲述中国故事的方式，不同国家文化交流都会有文化折扣的问题。如果不是本土化的母语创作，国外受众很难理解本片中所要表达的意思，兴趣自然无从谈起，传播效果会大打折扣。

为了更好地实现国际表达，我们做出了抉择，确定由外方团队来拍摄制作。由我们决定看什么，由外方解决怎么看，分工明确。方法有了，可具体实施起来并不容易。在内容方面，我们规划《这里是中国》每一季都分成传统和现代两大部分。用国际化的语态，展现古丝路为世界文明作出的贡献，新丝路上发生的各种故事，以及今天的"一带一路"建设将给当今和未来的人类社会带来哪些影响。

　　我们以微观的第三方视角捕捉鲜活素材，由平凡中国人的故事切入，通过他们的喜怒哀乐和人物命运来向世界展示中国，展示广大普通中国民众对于美好生活的向往。用特有的角度、柔软的姿态，从人的角度讲述中国故事，阐释中国梦；用不同小人物的故事在时空上的勾连展现当今的大时代背景、大情怀、大事件。这是《这里是中国》创作表达的基础。细化到每一集影片，我们都选取了一些具体的事物及人物，这样也便于外国摄制组迅速进入状态，减少文化差异导致的创作障碍。

　　除了尊重外国摄制组的创作理念和拍摄手法之外，我们要做的事还有很多，比如先让他们了解所拍摄的题目，这点并不容易。因为我们生活在不同的国家，即便功课做足也难免现场尴尬。一个由近 20 人组成的中外混编制作团队，就这样边磨合、边沟通、边拍摄、边创作。尽管时有磕磕绊绊，终归是蹚出了一条路，最终找到了适合的语态，为国际观众呈现出精彩的中国故事。这样本土化的传播方式可以说真正做到了"落地生根"，从第一季的实际传播

效果来看，我们成功了。

《这里是中国》（第一季）海外整体收视人次数以亿计，在新媒体领域和国内方面，也收获满满。2018 年两会期间，CCTV 纪录片频道面向国内观众播出了该系列片。由于角度和语境的不同，《这里是中国》在中国普通民众中的新鲜感陡增，引起了广泛的讨论，成为话题性节目。国内知名网站爱奇艺同步上线，短短几天就有数百万的点击量。

《这里是中国》的另外一大优势是在海外主流媒体平台播出。此次与我们合作的俄罗斯 RT 电视台，短短十多年，就迅速跃升为一家与 CNN、BBC 齐名的国际性媒体，有着广泛的国际影响力。在传统媒体方面，RT 无时差覆盖全球 100 多个国家，其中美国覆盖 8700 万受众，印度覆盖 1.54 亿受众，英国覆盖率达 90%。特别在新媒体领域影响更加广泛，仅仅在优兔网 (YouTube) 上就有 25 亿的点击量。这样一个世界级重要媒体对于提升我们节目的影响力极为重要，"借船出海"让《这里是中国》这部有品质的纪录片传播效果倍增。

世界需要了解中国，中国同样需要被世界了解。中国已经跃升成为世界第二大经济体，也是世界工业化程度较高的国家，忙忙碌碌、快速发展似乎是中国呈现在世界上的形象。但这些定义都太过简单，我们想要把中国立体地展示出来。这就是我们的初衷，也是本片的初衷。

愿更多人能看到此片。

致那份社会责任感

曲宁

《这里是中国》总导演

　　1978 年，七岁的我上了小学。同年，中国开始改革开放。四十年弹指一挥间，我所在的这个国家发生了翻天覆地的变化。四十年前那个物资匮乏的年代，有许多事令我记忆深刻：犹记得那一年暑假，我跟哥哥在家里翻箱倒柜，惊喜地在箱底找到四斤地方粮票，于是下一个场景便是我俩出现在附近的副食商店中，用仅有的四斤粮票换到了两块面包。当时面包可不是寻常人家日常能吃到的，人们把它归为点心，还是小朋友的我们不过节一般吃不到。

　　记得那天下着雨，我和哥哥兴奋地在雨里边吃、边跑、边喊叫着，那种满足感长大后无论如何也体会不到了。当时，用来包面包的是牛皮纸，哥哥当时不知道从哪听说，在我们的邻国，包装纸都是用当年中国尚属紧俏物资的塑料做的，惊奇之余我心生向往。不过，现在我居住的城市中，塑料包装已经成为"白色污染"，纸质包装又悄然回归。为便于回收，垃圾也开始分类。斗转星移，四十年物是人非、沧海桑田，中国已经从追赶世界变成引领时代。

1992年，我成为一名媒体人。二十几年职业生涯中林林总总的作品不算少，可令自己满意的不多，总感觉这些年过得有些混沌，有些随波逐流。

不过，我一直为自己生长的这个国家取得的每一次成就而欢呼雀跃，也偶尔会因为少数利益没有得到满足而抱怨过她，却始终没有机会对中国进行深度的审视和研究，因而缺乏清晰的认知。直到这次接到要制作《这里是中国》纪录片的任务，才促使我沉静下来，默默地思考中国。

作为节目的中方主创之一，我不仅要思考和规划纪录片的内容，还要向我的俄罗斯同事们介绍中国。因为《这里是中国》是用客观的第三方视角来叙事、来看待中国，如果我本人对中国没有一个明确无误的认知，那显然是一件很糟糕的事。

我发现在对待中国的看法上，撇开具体国情来谈是有失偏颇的。中国人口数量庞大，占据世界人口五分之一。就以草坪为例，在中国北京，多数草坪是不许人们踩踏的，而在澳大利亚悉尼的草坪上，人们可以或躺或卧、沐浴阳光。开始我认为中国的城市管理过于严苛，但换个思路考虑，澳大利亚全境人口为两千多万，还不到北京这座城市的人口量，这样的人口密度足以让草坪不被过度踩踏。而在中国行不通，因为什么？因为人多。这就是一个很具体的国情不同的体现。

事实上，对于中国这个传统与现代比翼齐飞的国度，其国际吸引力早已不局限于中餐和风景，更在于这里充满了机遇。2017年，汇丰银行曾经发布了一份"全球移居人士年度调查"。耐人寻味的是，作为移居目的地，中国内地的职业发展机会位列全球第二位，仅次于美国。这充分表明，中国正展现出充满活力、蓬勃向上的国家形象。很多外籍人士移居中国内地后，职业前景更广阔，获得新技能机会更多，可支配收入不断增长。在这里，新兴行业不断出现，传统行业也焕发新生。无论是紧跟时代浪潮的人，

还是醉心于传统的人，都能在中国找到自己的位置，发现属于自己的机会。中国所展现出的此类形象，是不是更有魅力？

　　一个不争的事实是，中国的综合国力和国际地位正在不断提升，国际社会给予中国的关注也与日俱增。然而，《这里是中国》纪录片在前期调研中也发现，中国在世界上的形象很大程度上仍是靠他国塑造而非自我塑造。恰恰因为国情不同，这种所谓的"他塑"会造成对中国的误读，而"自塑"也不是简单的自说自话，需要创新传播方式。我们在纪录片的创作过程中坚持了"两变、两不变"，即《这里是中国》讲故事的语态可以变、角度可以变，唯有主旨不能变、传递的价值观不能变。《这里是中国》策划制作过程中，我的心境也在不自觉地转换，一份沉甸甸的使命让我欲罢不能。中国需要由我们自己来塑造积极正面的形象，让她在世界上焕发夺目光彩，彰显文化自信。

　　《这里是中国》（第一季）中俄双方精选了"国宝熊猫""雕工镂影""深圳智造""武当功夫""国粹京剧""活力重庆"6个分集选题。在选题策划初期，中俄双方团队进行了充分的沟通、调研和市场论证。大家一致认为，这些选题内涵丰富、视角多元，能深深吸引西方受众，并在操作上切实可行。

　　2016年10月，中俄联合摄制组历时90天，行程万里，跨越十几个中国境内省市，进行了紧张而高效的拍摄。在拍摄和创作中，我们互相取长补短。俄罗斯团队很专业，也很敬业。每一个场景的拍摄都要事前设计好，拍摄过程中态度非常严谨，容不得半点马虎。记得在武当山，为了拍摄到日出，俄方摄像坚持在山顶露宿，一直坚持到天亮，终于拍摄到了连当地人都难得一见的日出；深圳拍摄期间，摄制组遇到了极端天气情况，在全市橙色警报预警的情况

下仍然没有停止拍摄，抢在台风到来之前那段平静的时间里，航拍了深圳的城市景观。这些珍贵的镜头都在《这里是中国》（第一季）的节目里得到精彩呈现。

我们拍摄的这些选题，一些关乎现代的内容，俄方主创理解起来还相对容易。而遇到传统文化类选题，他们就会比较吃力。比如说"国粹京剧"这集，如果没有对中国传统文化的深度了解，做这种纪录片节目是很难的。为此，作为中方主创，我们不厌其烦地跟俄方交流，用中西方戏剧形式的比较，提高俄方导演对京剧的认知。我们还带他们到国家京剧院进行前采，与京剧大师于魁智、李胜素等人交流，去天津跟京剧票友探讨。功夫不负有心人，"京剧"这一集最后的呈现非常完美，全片既有知识点又不乏趣味性，视角独特、语态新颖，即便是国内观众看了也会增加信息量和新鲜感。这集获得了观众的普遍好评。

长达几个月的拍摄，让我们跟俄方同事结下了深厚的友谊，虽然在创作过程中有过分歧，有过争执，但最终随着《这里是中国》（第一季）的完美呈现，中外收视影响力巨大，过往的一切都变成了美好的回忆和真诚的祝愿！

也许是情之所至，当我写下这些文字的时候，耳边始终萦绕着汪峰那首充满深情的歌曲——《我爱你中国》……

问道武当山

安德烈·西罗坚科

《这里是中国》摄影师

　　导游、翻译和我，摄制团队一行三人准备在武当山为纪录片第 4 集《武当功夫》拍摄取景。因为按行程安排，当天午后就必须离开湖北，我决定好好利用这次的机会多看看武当山，这座中国武术的故乡之山。

　　刚爬到武当山顶，我们就遇上漫天大雾。整座青山都被云雾笼罩。虽然可能无法拍摄到寺庙全景，但这没有影响到团队拍摄本集的核心内容：太极拳主人公的故事、道教哲学的智慧和武当功夫的奥秘。千百年来，武当山屹立在此，岿然不动，无数的传说令人神往。我们将通过太极拳主人公的命运和故事来讲述武当山。

　　天寒地冻，睡眼惺忪。头灯射出的光划破了黎明前的黑暗，照亮了眼前中国小伙儿的双手。他以娴熟的动作将粗麻绳打了个结。这里云雾迷蒙，以至于连他说话呼出的哈气都看不到，雾气重到仿佛深吸一口气都有被水汽呛到的危险。

导游用中文闲聊了几句后，就带领大家开始爬山，我扛上摄像设备紧随其后。旅途中，我的双脚在潮湿的山路上艰难穿行，山林中带刺的植物时不时地划破我的衣服，刮伤我的皮肤。更倒霉的是，我的鞋又坏了，破了一个大洞！

"安德烈，我们还有多久？""还早着呢！"我与翻译有一搭没一搭地聊天，对眼前的云雾缭绕无可奈何。因为，整座武当山被云雾缠绕，要想选一个合适的拍摄点极其困难。辅助工具只有手机里的地图和指南针，以及我为了征服旅途故作自信而发出的声音。

往上又攀登了一百米之后，我的手套全都湿透了，我们找到了一个可以拍摄的位置。我卸下背包，拿出所有的摄影设备。但翻译告诉我们，太阳将在一个半小时后升起，还需要耐心等待。此时，一只甲虫从我靴子的破洞处爬了进来，我却无暇赶走它。相机架好，打了个响指：准备完毕！

我用故作冷静的表情掩饰着内心的不安，但心里根本不敢确定，如果大雾散去，从站立的地点是否能够拍到远处的道观。只要能拍到道观全景，这集影片就成功了一半。但这大雾来得太不是时候！要是镜头被突然出现的大雾遮住怎么办？对此我们毫无办法，只能静等云消雾散。

我从未在云雾缭绕的山顶看过日出。这种云雾笼罩的情形有点像往黑咖啡里加奶——即便颜色瞬间被冲淡，但杯底的小勺仍然看不见；虽然黑色的咖啡沫变成了乳白的奶泡，但咖啡穿透力低的本质一点儿都没变。

　　日出时分，万物苏醒。这种焕发生机的感觉令人记忆深刻。我安静地站在武当山悬崖边，此时此刻只有用心才能感受到面前广阔的天地；嘴唇被掉落的水滴刺痛，但此时并没有下雨，周围的光线也逐渐变强；小鸟叽叽喳喳地打破沉寂，挥舞着翅膀消失在白色的云雾之巅，有一只小鸟再次从我们身边飞过；突然从山下传来断断续续的叫喊声，原来是有人在呼唤他的旅伴；山顶上也传来小姑娘爽朗的笑声；还有耳边昆虫发出的嗡嗡声。最后，藏在我鞋里的那只甲虫总算挣脱了出来。

　　"我们得走了，雾不会散了。"翻译说道。我转过身来，发现他正安静地看着我，嘴唇冻得发紫。的确，现实生活要比云雾中充满生机的世界枯燥乏味得多。

　　中国小伙儿朝着我说了几句话，又朝着悬崖另一边点头示意，用手比画着什么。几秒钟后，透过云雾隐隐约约地显现出一座山，山顶上有一座规模不大、镶嵌琉璃瓦顶的古建筑。我还没来得及打开摄像设备，远处的景色便再次消失在雾中。这是错觉吗？不，不是！沿着山脊靠右的方向，我看到一条长长的石阶，但瞬间又被遮住了。景色忽隐忽现，我开始有些着急，因为总是来不及对焦。仿佛有个神秘人在戏弄我，或者是在跟我玩捉迷藏。

　　付出总会有回报。云雾就像剧院里被拉开的大幕，慢慢地消散。我们被眼前景象彻底震撼：武当山——这座被茂密植被覆盖的陡峭山脊，山峰和参天大树直冲云霄，云朵像棉花糖一般紧贴植被，无限延伸。整座山峰被石阶环绕，道观因其独特的深红色从大自然深深浅浅的绿色中凸显出来。二话不说，我们立刻开拍。

很快，云雾再次涌动，值得庆幸的是，我们拍到了一些还不错的画面。毋庸置疑，这些镜头将会为影片增光添彩。下山后，我准备从口袋里拿点钱给导游以表感谢。由于出色工作而获得报酬再正常不过。但翻译告诉我，他并非专业导游，而是一个居住在本地的保安，在了解到我们的拍摄意图后，同意在工作之余给予一些帮助。翻译还说，

摄制团队和导游可以一起吃早餐，这更有利于促进我们和中国人民的友情。我们安静地吃早饭，互相看着彼此满嘴食物的样子，真诚地相视大笑，很是开心。

我记得这几个小时发生的所有事情的细节，这次野外拍摄的所见所闻也将永远铭记在心。这种感觉只可意会不可言传，就好像是童年时爷爷的教诲，虽然经历过，但想要彻底感悟，还需要时间。看到武当山上萦绕在树木周围的朵朵白云，我想，爷爷大概也是去了这样一个神奇的地方吧！

看见中国

阿列克·奥加涅

《这里是中国》摄影师

　　清晨，电话铃声响起，"能否去中国出趟差拍片子，一个半月？"对方开门见山道。

　　我自认为对中国有一定的了解。但实际上，一个人对某个国家的印象和亲眼所见往往有很大的差别。到一个陌生的国度出差一个半月，这并非易事，要想马上做出决定，给出肯定答案，对我而言的确很困难，所以我请求考虑一下，稍后回复。我开始在网上浏览有关中国的信息——在网络中，全球各国人民对中国的印象千差万别，我决定亲眼去看看。第二天，我答应了去中国出差。

　　接下来，我们开始和中方制片团队准备选题。很多选题乍一看不切实际，但非常有意思，最终我们决定到中国拍摄 6 集片子。第一季的拍摄周期包括 10 座城市和 7 次飞行，这的确不是一次轻松的旅行。2016 年 10 月 6 日，我们正式开启了中国之行，第一站——北京。这是一座超级大都市，这里有数不尽的美景、美食，也有很多善良的人。在这里，我平生第一次聆听京剧，品尝辛辣的中国菜。我们和中国同事每天从早到晚愉快地工作。在北京一共拍摄了 6 天，随后到天津拍摄了几天。

确定拍摄制作的 6 个选题中，武当山和大熊猫是最吸引我的。踏上了赴武当山的旅途后，我发现武当山是我到过的最美丽的地方之一，它的美是无法用语言形容的。武当山以道教和道观闻名于世，这里有道教学院，专门致力

于研究医学、药理学、健康饮食，当然还有武当功夫。据传说，武当山是功夫起源的地方，其中包括太极拳。在武当山为期 7 天的拍摄过程中，我们近距离感受到了太极拳的博大精深。

我们拍摄大熊猫的地方是中国麻辣之都——四川省。四川省拥有闻名世界的川菜，而麻辣是川菜的灵魂。麻辣的菜肴会带给食客一种大汗淋漓、胃口大开的奇妙感，这是一种不吃辣的人怎么也享受不到的感觉。在川菜中，麻辣的典型非火锅莫属。中国朋友带我们去吃了当地有名的火锅，新鲜的肉类、健康的绿色蔬菜、口感滑嫩的鱼肉等中国传统特色食物，与麻辣鲜香的味道完美地融合在一起，碰撞出了美食的奇迹。

中国拍摄之旅，我的确有很多感触，到过的每座城市都想好好写一写，但由于时间关系无法一一道来。我想，这些城市都有自己的特色和独特的文化氛围。这是我迄今

为止时间最长的一次出差。我很庆幸当初决定接受这次拍摄任务，因为我用自己的眼睛和耳朵真真切切地感受到了这个飞速发展的国度。重庆让我感受到立体交通给城市带来的便捷，深圳让我感受到人工智能技术对人类生活的改变……中国的飞速发展体现在方方面面。而与当地居民的交流也给我留下了美好的回忆，他们让我感受到了热情和友善。在与他们的交往过程中，我感受到，懂不懂中文并不重要，重要的是我们有共同的目标，这样我们便能找到沟通交流的方式。语言不通，我们也能结下深厚的友谊。在我看来，世上只有两种人——好人和坏人。在中国我遇到的只有好人和美丽的风景。

图书在版编目（CIP）数据

这里是中国. Ⅰ = This Is China Ⅰ / 陈波亚，朱新梅，张延利主编. -- 北京：中国广播影视出版社：人民出版社，2019.11（2024.4重印）
ISBN 978-7-5043-8341-9

Ⅰ. ①这… Ⅱ. ①陈… ②朱… ③张… Ⅲ. ①文化交流—中国 Ⅳ. ①G125

中国版本图书馆CIP数据核字（2019）第208424号

这里是中国Ⅰ

This Is China I

陈波亚　朱新梅　张延利　主编

出 版 人　任道远
策划编辑　房　远　周　玲
责任编辑　余潜飞　房　远　周　玲
封面设计　郭　渊
责任校对　龚　晨　张　哲

出版发行　中国广播影视出版社
电　　话　010-86093580　010-86093583
社　　址　北京市西城区真武庙二条9号
邮　　编　100045
网　　址　www.crtp.com.cn
电子信箱　crtp8@sina.com
出版发行　人民出版社
电　　话　010-84046650　010-84095121

经　　销　全国各地新华书店
印　　刷　永清县晔盛亚胶印有限公司
开　　本　880 毫米 ×1230 毫米　1/32
字　　数　120（千）字
印　　张　5.75
版　　次　2019 年 11 月第 1 版　2024 年 4 月第 2 次印刷
书　　号　ISBN 978-7-5043-8341-9
定　　价　48.00 元